Nelli Pietsch

Verlorene Heimat

Nelli Pietsch

Verlorene Heimat

Flüchtlingsschicksal zwischen Deutschland und Russland

rosenheimer

Lektorat und Satz: VerlagsService Dr. Helmut Neuberger &
Karl Schaumann GmbH, Heimstetten
Titelfotos: © Nelli Pietsch
Druck und Bindung: GGP Media GmbH, Pößneck
Printed in Germany

ISBN 3-475-53716-8

Dieses Buch widme ich meiner Mutter,
der liebevollsten, geduldigsten und
großzügigsten Mama, die es gibt,
und meinem Vater, den ich bewundere
für seinen Mut, mit Mama und uns
damals kleinen Kindern
ohne irgendeine Absicherung
in ein unbekanntes Land zu ziehen!
Ich widme es weiterhin
meinen großen Schwestern
Erika, Maria, Agathe und Luise
sowie dem Andenken
an meine verstorbenen Brüder
Harry und David.

Wenn mir meine Mutter Ausschnitte aus den härtesten Jahren ihres Lebens erzählte, war es meist schon spät am Abend.

Sie hatte mit einem warmen Essen auf mein Heimkommen gewartet. Während ich aß und meine Mutter an einem neuen Deckchen häkelte, plauderten wir über belanglose Dinge, die wir an diesem Tag gehört oder erlebt hatten.

Wenn ich mich für das köstlich zubereitete Essen bedankte, ließ sie ihre Häkelarbeit, an der sie unentwegt arbeitete, auf den Schoß sinken. Sie seufzte dann tief, und ihr Blick verlor sich in der Ferne.

Den Rücken leicht gebeugt und den Kopf nachdenklich auf die rechte Seite geneigt, begann sie ihre Erzählung mit dem Satz: »Ja Nelli, du darfst auch wirklich dankbar sein, dass es uns jetzt so gut geht. Als ich in deinem Alter war …«

Ukraine, Konteniusfeld im August 1943

Der scharfe Geruch von Angstschweiß vermischte sich mit dem herben Duft des Kartoffelackers. Die beiden Mädchen pressten ihre ausgemergelten Körper in das abgeerntete Feld. Um den in der Morgenkühle sichtbaren Atem zu verbergen, mussten sie förmlich in die Erde hinein atmen.

Immer wieder tasteten die riesigen Scheinwerfer das umliegende Feld und die angrenzenden Trampelpfade ab. Sobald der Lichtkegel über ihre Körper hinweggeglitten war, robbten sie ganz langsam auf den Stacheldrahtzaun zu, der das gesamte Kartoffelfeld einfriedete.

Als sie sich halbwegs sicher waren, dass sich die Miliz weit genug entfernt hatte, sprangen sie auf und hasteten in gebückter Haltung nach Hause. Dabei umklammerten sie die in ihren Röcken eingewickelten Kartoffeln mit beiden Händen wie einen kostbaren Schatz. An diesem Morgen hatten sie Glück gehabt, dass der Bauer seine abgerichteten Hunde, die er sonst zur Bewachung der Ernte oft über Nacht auf dem Feld zu lassen pflegte, auf seinen Hof mitgenommen hatte.

Im heimatlichen Dorf angekommen, schlichen sie vorsichtig durch die dunklen Gassen bis zu ihrer Hütte. Maria Bergan wartete schon sehnsüchtig auf ihre beiden Töchter. Sie hatte die ganze Zeit hindurch gebetet, dass ihnen nichts geschehen möge. Es war der quälende Hunger, der sie dazu getrieben hatte, Kartoffeln zum Überleben zu stehlen.

Der Krieg dauerte schon viel zu lange. Sie hatten ihren gesamten Vorrat an Getreide und Eiern bereits aufgebraucht oder auf dem Markt gegen andere lebensnotwendige Dinge eingetauscht. Den Notgroschen, den sie noch zu Lebzeiten des Vaters auf die Seite gelegt hatten, wollten und mussten sie aufheben für den Fall, falls sie doch noch flüchten mussten.

Als der Vater noch lebte, war es kaum jemandem im Dorf besser gegangen als ihnen. Sie hatten stets genug zu essen gehabt und mehrere Ballen Stoffe, aus denen sie die Kleider nähen konnten, die sie benötigten. Fast jede Familie im Dorf hatte sich schon einmal Geld oder Lebensmittel bei ihnen geliehen. Der Vater war ein sehr gutmütiger und großzügiger Mann gewesen und hatte jedem geholfen, der ihn um Hilfe bat – ohne Sicherheiten und ohne sich auch nur einen Schuldschein geben zu lassen, ja meist hatte er sich nicht einmal den Namen des Gläubigers und die geliehene Summe notiert.

Denn der Vater hatte an das Gute im Menschen geglaubt und war sich immer sicher gewesen, dass er das Geliehene eines Tages zurückbekommen würde. Als er dann aber an einer schweren Lungenentzündung verstarb, wollte sich niemand mehr daran erinnern, jemals Geld von ihm geliehen zu haben.

So musste Maria Bergan ihre sieben Kinder irgendwie alleine durchbringen. In dem Dorf, in dem sie lebten, gab es außer Bauern nur noch wenige Handwerker, so fand Maria Bergan keine bezahlte Arbeit. Ihre Tochter Katharina hatte früh die Aussichtslosigkeit der Situation erkannt. Sie hatte bereits vor dem Krieg das Dorf verlassen und eine Anstellung im fernen Deutschland, in Braunschweig, gefunden. Ihre Söhne, Peter, Johann, Gerhard und David, waren zurzeit als Soldaten an der Ostfront. Niemand wusste, wo sie sich befanden, wie es ihnen ging, ja, ob sie noch am Leben waren.

So war Maria Bergan allein mit ihren beiden Töchtern Elisabeth und Anna in dem ukrainischen Dorf zurückgeblieben, und die Mädchen versuchten, durch Hilfsdienste wie Kinder hüten oder Wasser vom Dorfbrunnen holen, ein paar Kopeken zum Überleben zu verdienen.

Das Leben war sehr karg geworden in dem einstmals so behaglichen kleinen Haus. Die Möbel, die der Vater geschreinert hatte, waren auf das Nötigste dezimiert worden, und die selbstgenähten Kleider, auf die Elisabeth und Anna so stolz gewesen waren, hatten sie schon längst am Markt gegen Essbares eingetauscht.

Nun rollten sie vorsichtig die erbeuteten Kartoffeln aus ihren Kleidern. Den Tipp mit dem Kartoffelfeld hatten sie von der Nachbarin bekommen, deren Cousine zurzeit bei der Kartoffelernte half.

Elisabeth und Anna zitterten noch immer die Knie vor Angst. Ihre Gesichter, Arme und Beine und die Kleider waren verschmutzt und mit Erde überkrustet, aber ihre Augen glänzten voller Stolz. Jetzt konnten sie sich wieder ein paar Tage über Wasser halten.

Der nächste Tag war angenehm mild. Der Himmel war wolkenverhangen, aber es hatte aufgehört zu regnen. Das war wichtig, denn bei den üblichen Donnerstagstreffen, zu denen alle jungen Mädchen aus den umliegenden »deutschen Dörfern« zusammenkamen, um Neuigkeiten auszutauschen, gab es keinen Unterschlupf.

Früher waren auch die Burschen gern dazugestoßen, aber seit im Sommer 1941 Deutschland die Sowjetunion überfallen hatte, bekam man kaum noch ein männliches Gesicht zu sehen. Die meisten Männer, die in die Rote

Armee einberufen worden waren, hatten sich bei erster Gelegenheit den Deutschen ergeben, um dann in den Reihen der deutschen Wehrmacht gegen die Russen zu kämpfen. Als Folge wurden alle in der Sowjetunion lebenden Deutschen als potenzielle Vaterlandsverräter angesehen.

Nachdem der sowjetische Diktator Stalin den »großen vaterländischen Krieg« proklamiert hatte, wurden die Deutschen in der Sowjetunion überall systematisch verfolgt. Die einst blühenden deutschen Dörfer wurden ausradiert, die Bewohner in unwirtliche Gegenden verbannt. In anderen Gegenden wurden alle deutschen Männer in die sogenannte »Trudarmee« einberufen. Die Unglücklichen, die dorthin abkommandiert wurden, hat man meistens nie wieder gesehen, da es sich bei dieser Einrichtung weniger um eine Armee als um ein Zwangsarbeitslager handelte, deren Insassen unter unmenschlichen Lebensbedingungen Schwerstarbeit leisten mussten.

Elisabeth und Anna waren froh um diese Donnerstagstreffen, boten sie ihnen doch ein wenig Ablenkung von den quälenden Alltagssorgen. Rasch hatten sie ihre Haushaltspflichten, die heute nicht so umfangreich waren, erledigt.

Die Familie Bergan lebte in einer kleinen, aber sehr sauberen Hütte. Den gestampften Lehmboden hatte der Vater mit Brettern abgedeckt, damit es ein wenig wärmer und behaglicher war. Diesen Boden mussten die Mädchen jeden Tag fegen, und sie taten dies so sorgfältig, dass man auf dem sauberen Boden keinen Krümel finden konnte, weder in der Küche noch im angrenzenden Wohnraum.

Das Dach bestand ebenfalls nur aus Brettern. Die Lücken wurden mit Lehm verschlossen. Die Innenwände hatten der Vater mit weißem Kalk gestrichen, und da er nun den Anstrich nicht mehr ausbesern konnte, geschah es bei starkem Regenwetter schon hin und wieder, dass der Kalk sich löste und auf den Boden bröselte.

»Elisabeth, jetzt komm endlich! Man kann es auch übertreiben!«

Doch Elisabeth ließ sich nicht aus der Ruhe bringen. Sie ließ ihren Blick noch einmal durch den Raum schweifen. Es war alles sauber. Das Holz lag aufgeschichtet neben dem Ofen, ein großer Eimer mit frischem Wasser stand neben dem Waschbecken in der Küche, und auf dem Herd stand ein blank gescheuerter Kochtopf, in dem die Suppe vor sich hin köchelte.

Schnell lief sie noch einmal zu dem Bett, in dem die Mutter lag, drückte ihr einen Kuß auf die Wange und sagte: »Du brauchst keine Angst zu haben, Mama, wir sind bald wieder da! Wir passen schon auf uns auf.« Müde lächelnd erwiderte die Mutter: »Ich weiß, ich weiß. Nun lauft schon. Aber seid pünktlich zum Mittagessen wieder da!«

»Ja, Mama. Bis bald!«

Nachdem alles zu ihrer Zufriedenheit erledigt war, beeilte sich nun auch Elisabeth, aus dem Haus zu kommen. Lachend holte sie ihre Schwester am Dorfrand ein. Auch wenn sie es niemals zugegeben hätte – aber auch sie fand es befreiend, einmal ein wenig aus dem Haus herauszukommen, und die Alltagssorgen für ein paar Stunden zu verdrängen. Denn nicht genug damit, dass der Vater auf tragische Weise zu Tode gekommen war, lag nun auch die geliebte Mutter seit Wochen geschwächt und völlig abgemagert im Bett.

Nun rannten die beiden Hand in Hand, so schnell sie ihre Füße trugen. Bald schon sahen sie in der Ferne den Waldrand auftauchen.

Schon seit ein paar Monaten trafen sie sich an diesem abgelegenen Ort, damit sie sich wenigstens im Wald verstecken konnten, falls die Miliz auf die Idee käme, dort nach dem Rechten zu sehen. Es waren bereits fünfzehn Mädchen da. Sie ließen sich völlig außer Atem auf den bunt karierten Decken nieder.

»Stell dir vor Anna, Olgas Bruder Rudolf ist für ein paar Tage von der Front heimgekehrt, um sich von einer Verwundung zu erholen! Leider konnte er den langen Fußmarsch hierher nicht wagen, aber wenn ihr morgen Zeit habt, dürft ihr gern auch vorbeischauen, soll ich euch von Olga ausrichten!«

»Oh ja, gern!«, kam es Anna auffällig schnell über die Lippen.

Einige der Mädchen lächelten, aber aus manchen Augen sprachen auch Neid und Eifersucht. Denn es war ein offenes Geheimnis, dass Anna und Rudolf mehr waren als nur gute Freunde, und manches Mädchen aus dem Dorf hatte selbst ein Auge auf den gutaussehenden jungen Mann geworfen.

Am nächsten Tag fielen sich Anna und Rudolf in die Arme. Vor Wiedersehensfreude und Erleichterung liefen ihr die Tränen über die Wangen, als sie sah, dass der geliebte Mann nur ein wenig hinkte, sonst aber unversehrt schien.

»Nun erzähl schon«, drängte Anna. »Wie ist es dir

ergangen? Hast du meine Brüder gesehen oder etwas von Ihnen gehört?«

Bedrückt sah Rudolf in Annas Augen. »Du musst jetzt sehr stark sein, Anna: Gerhard ist letzte Woche in der Ukraine gefallen. Wir hatten ein heftiges Gefecht. Es war das gleiche, bei dem mich der Granatsplitter am Bein erwischt hat. Wir machten viele Gefangene, und Gerhard hatte Befehl, sie zu entwaffnen. Plötzlich hat einer der Gefangenen eine versteckte Pistole gezogen und Gerhard aus kürzester Entfernung erschossen. Er musste nicht leiden, Anna! Er war auf der Stelle tot! Es tut mir so leid für euch!«

Rudolf schloss Anna fest in die Arme. Ihr Körper bebte vor Schluchzen. Wie hatte sie auch annehmen können, dass dieser Kelch an ihrer Familie vorbeigehen würde?

Umso inständiger hoffte sie, dass ihre anderen Brüder, David, Peter und Johann, noch am Leben waren. Schließlich wusste sie von einigen Familien, in denen die Väter und alle Söhne gefallen waren. Das Schlimmste an diesem Tod war, dass man nicht einmal Abschied nehmen konnte. Die Gefallenen wurden irgendwo verscharrt, weil niemand die Zeit und die Kraft für eine anständige Beerdigung hatte. Und seit sich das Kriegsglück endgültig von der deutschen Wehrmacht abgewandt hatte, verbarg sich der Tod immer häufiger hinter der trügerische Hoffnung verheißenden Formel »vermisst«.

Der Abschied von Rudolf fiel Anna diesmal ganz besonders schwer. »Bitte komm bald wieder! Ich will dich nicht auch noch verlieren! Paß bitte, bitte auf dich auf!«

Anna klammerte sich wie eine Ertrinkende an Rudolf. Als ihr die furchtbare Endgültigkeit dieser Nachricht allmählich bewusst wurde, löste sie sich langsam von ihm.

Er sah sie ernst an und versprach: »Ich komme wieder, und dann kann uns nichts auf der Welt mehr trennen! Das verspreche ich dir!«

Auf dem Weg nach Hause legte sich Anna schon die Worte zurecht, mit denen sie der Mutter die schreckliche Nachricht vom Tod ihres Bruders Gerhard überbringen würde.

Nachdem diese die Nachricht vom Tod ihres Sohnes vernommen hatte, sank sie blass und kraftlos in ihre Kissen zurück. Sie sagte kein Wort, und Anna hatte das unbestimmte Gefühl, dass die Mutter das Unglück schon irgendwie vorausgeahnt hatte. Elisabeth saß vor dem Bett ihrer Mutter, und beide weinten lautlos vor sich hin.

Aber das Leben musste weitergehen, und in den nachfolgenden Wochen versuchte jeder irgendwie mit seinem Schmerz fertig zu werden. Elisabeth ging den Hausarbeiten noch eifriger nach denn je. Anna war selten daheim, und die Mutter lag noch blasser und stiller in ihrem Bett.

Als Elisabeth an einem trüben, verregneten Morgen am Dorfbrunnen Wasser holte, traute sie ihren Augen kaum, als von einem anhaltenden Pferdewagen ihr Bruder David heruntersprang. Der riss sie in die Arme und wirbelte sie vor Wiedersehensfreude umher.

»Mein Schwesterchen, wie schön, dich endlich wiederzusehen!«

Auf dem Weg zur Hütte erzählte ihm Elisabeth von Gerhards Tod, und wie sehr diese Nachricht die Mutter mitgenommen hatte.

»Eigentlich wollte ich es euch selbst sagen«, erklärte er mit düsterer Miene. »Aber meine Einheit war in schwere Kämpfe verwickelt, und so hat es ziemlich lange gedauert, ehe ich ein paar Tage Heimaturlaub bekam. Ich hätte mir denken können, dass ihr es schon von jemand anderem erfahren habt. Rudolf habe ich schon lange nicht mehr gesehen.«

David ließ sich nicht anmerken, wie erschrocken er über das Aussehen seiner Mutter war, sondern versuchte, ein wenig Fröhlichkeit und Zuversicht zu verbreiten.

»Schaut her, was ich euch mitgebracht habe!«, rief er und holte ein großes Stück Schinkenspeck, Käse, einen riesigen Laib Brot, eine Flasche Rotwein und eine Tafel Schokolade aus seinem abgewetzten Rucksack hervor.

Wo er die vielen guten Sachen her hatte, wollte er niemandem verraten, und letztendlich war es auch allen egal, Hauptsache David war da.

In den nächsten Tagen blühte die Mutter auf. Bald schon ging es ihr so gut, dass sie aufstehen und wieder leichtere Arbeiten im Haushalt verrichten konnte. Als Elisabeth sie liebevoll dazu ermahnte, sich zu schonen, nahm David sie zur Seite und sagte: »Lass sie nur, sie muss wieder zu Kräften kommen!«

Was er mit diesem Satz wirklich meinte, sollten sie bald erfahren. Denn eines Abends nahm David seine beiden Schwestern zur Seite:

»Solange die deutsche Wehrmacht die Ukraine besetzt hat, seid ihr hier relativ sicher gewesen, aber seit diesem Frühjahr ist alles anders geworden. Die deutsche

Front wird immer schwächer und die Rote Armee stärker. Wir sind überall auf dem Rückzug und, was fast noch schlimmer ist, wir haben das Hinterland nicht mehr im Griff. Überall wimmelt es von Partisanen. Für jeden, den wir erledigen, stehen zehn neue auf, und mit jeder Vergeltungsaktion, die wir unternehmen, wächst der Hass. Die Russen überfallen inzwischen nicht nur unsere Soldaten in der Etappe, sondern auch die deutschen Dörfer. Und dabei gehen sie alles andere als freundlich mit den Frauen und Mädchen um. Es hilft jetzt alles nichts mehr, ihr müsst westwärts flüchten. Ich habe bereits alles organisiert. Wir stellen einen Treck zusammen, und der wird versuchen, sich in Richtung Warthegau durchzuschlagen. In zwei Wochen holt euch Erich, ein Freund von mir, ab. Bis dahin müsst ihr das Allernotwendigste gepackt haben! Ich selbst muss übermorgen wieder zurück an die Front.«

Anna weigerte sich zunächst vehement, alles einfach stehen und liegen zu lassen. Schließlich hatte man in der ganzen Gegend noch nie etwas von Übergriffen russischer Partisanen auf die deutschen Dörfer gehört.

Als David merkte, dass er sie mit gutem Zureden allein nicht überzeugen konnte, begann er zu erzählen:

»Unsere Patrouillen berichten immer wieder, dass sie bei ihren Aufklärungszügen verlassene deutsche Dörfer vorfinden. Und dass sie dabei auf Spuren von Gräueltaten gegen die Zivilbevölkerung stoßen. Als ich einmal selbst mit so einer Patrouille unterwegs war, habe ich selbst gesehen, was sie mit den Greisen, Frauen und Kindern angestellt haben, die nicht fliehen wollten oder zu schwach waren! Einen alten Mann haben sie mit der Zunge an den Tisch genagelt, die Frauen vergewaltigt und zu Tode geprügelt. Wir gehen ja auch alles andere als zimperlich mit den Leuten um, wenn wir glauben, dass sie die Partisanen unterstützen. Es ist ein schmutziger Krieg, den wir da führen müssen, und ich möchte nicht, dass ihr hineingezogen werdet.«

»Hör sofort auf, hör auf, ich gehe ja!« stammelte Anna blass vor Entsetzen.

Oktober 1943

Sie packten nur die Dinge ein, die sie am allernötigsten brauchten. Die wunderschönen, vom Vater selbst geschreinerten Kommoden und Kleiderschränke, die noch im Haus waren, wurden gegen Proviant eingetauscht. Das Geschirr, die Gläser und die Kleidung, die in den Taschen keinen Platz mehr fanden, verschenkten sie an zurückbleibende Familien.

Es hatte sich im Dorf wie ein Lauffeuer herumgesprochen, dass Familie Bergan flüchten wollte. Einige schlossen sich an, andere lachten sie aus, aber es wurden trotzdem noch zwei weitere Trecks organisiert, einer in Richtung Preußen, der andere nach Schlesien.

An einem Abend, als sie gerade gegessen hatten, klopfte es an der Tür. Ängstlich schaute Elisabeth hinter den selbst genähten Gardinen hinaus. Draußen stand ein in einen schmuddeligen Umhang gehüllter Mann, der nervös von einem Bein auf das andere trat. Erst als er nochmals gegen die Tür hämmerte, öffnete Anna, die mutigere der beiden Schwestern, die eher neugierig als ängstlich war.

»Na endlich, ich dachte schon, es öffnet niemand mehr.« Der Mann drängte sich an Anna vorbei und trat in die Wohnstube.

»Seid ihr die Familie von David? Er hat mir euer Haus genau beschrieben. Es geht also los, morgen früh um vier Uhr brechen wir auf!«

Gern hätten sie ihm noch ein paar Fragen gestellt. Wie es David geht, wie weit die Front jetzt weg war und welchen Weg sie morgen nehmen würden, aber so schnell wie David's Freund aufgetaucht war, so schnell war er auch wieder verschwunden. Die Mutter starrte nur verzweifelt auf die Tischplatte und sagte leise: »Oh Kinder, was wird nur aus uns werden?«

Sie stellten die gepackten Taschen neben die Tür, und obwohl sie wussten, dass sie in dieser Nacht kein Auge zumachen würden, gingen sie zu Bett.

Tatsächlich erschien Davids Freund pünktlich um vier Uhr, um sie abzuholen. Der Wind war in der Nacht zum Sturm geworden und blies an diesem Morgen so stark, dass sie sich aneinander klammern mussten, um nicht fortgeweht zu werden, und der Regen peitschte ihnen so heftig ins Gesicht, dass sie den Mann, der sie abgeholt hatte, kaum erkennen konnten.

Der Fremde eilte mit Riesenschritten voraus, und die drei Frauen versuchten verzweifelt, mit ihm Schritt zu halten. Anna platzte schließlich der Kragen: »He, wer auch immer du bist, ein bißchen langsamer könntest du schon gehen!«, schrie sie.

Der Mann drehte sich um, kam ihr entgegen und blieb direkt vor Anna stehen.

»Ich heiße Erich, und wenn du noch einmal so plärrst, lasse ich euch einfach da. Du hast keine Ahnung, was ich hier riskiere«, zischte er, drehte sich um und ging wieder weiter, allerdings wirklich etwas langsamer.

Die Mutter hatte das Gefühl, keinen Schritt mehr weitergehen zu können, als sie leise das Wiehern von Pferden hörten. Als sie näherkamen, sahen sie, dass die Pferde vor einfach gebaute, große Karren gespannt waren. Die Karren waren hoffnungslos überladen.

Erich befahl allen, von den Karren herunterzusteigen. Er musterte die Ladung mit kritischen Blicken und ordnete sogleich an, alle Möbel und sonstigen sperrigen Gegenstände abzuladen. Niemand wagte es, ihm zu widersprechen.

Obwohl Maria und ihre Töchter auf ihren mitgenommenen Kleidern und Decken saßen, tat ihnen allen bald jeder Knochen weh. Die Karren auf denen sie saßen, ächzten und knarzten bei jedem Schlagloch – und es gab viele Schlaglöcher!

Erich gönnte ihnen keine Pause und trieb den Treck zu größter Eile an. Nur in der Nacht, wenn man die eigene Hand nicht mehr vor Augen sah, wurde am Waldrand angehalten. Dann durften sich die Flüchtlinge im Wald einen Schlafplatz suchen, wo sie sich für einige Stunden auf den mitgenommenen Decken ausstrecken durften.

Marina, ein schlankes, hübsches Mädchen mit langen dunkelbraunen Haaren und verträumtem Blick, holte bei diesen Gelegenheiten ihre Gitarre hervor. Wenn die ersten Klänge ertönten, richteten sich die Flüchtlinge von ihren Lagern auf, um in den Gesang mit einzustimmen. Sie sangen immer und immer wieder das gleiche Lied, und sie sangen sich damit die Todesangst, den Hunger und die Müdigkeit aus dem Leib.

Mächtig tobt des Sturmes Brausen
um ein kleines Schiff,
hilflos hin und her geworfen
droht ihm manches Riff.

Mut, habt Mut, blickt auf den Retter
höret was er spricht:

Ich bin bei Euch alle Tage!
Ich helfe Euch, verzaget nicht!

Jesus kam uns zu erretten
aus dem Weltgebraus,
laß Dein Wrack, trau seinem Walten,
er führt Dich nach Haus.

Wenn Elisabeth dieses Lied gesungen hatte, ging es ihr ein wenig besser. Es tröstete sie über die Umstände hinweg und gab ihr inneren Halt.

Gegen Morgen des fünften Tages begann es zu schneien. Die Flüchtlinge waren alle völlig durchgefroren. Zwar zogen sie alle mehrere Kleidungsstücke übereinander an, aber selbst das reichte nicht aus, um vor der sibirischen Kälte zu schützen. Ausgerechnet in diesem Jahr brach der Winter so früh herein. Die Luft war so eisig, dass sich an den Mähnen der Pferde dicke Eiszapfen bildeten.

Einige der Flüchtlinge waren den Strapazen nicht mehr gewachsen und ließen ihren Tränen freien Lauf. Zu der ständigen Todesangst, die sie vor Anspannung aufrecht hielt, und den leeren Mägen, kam jetzt auch noch die bittere Kälte, der die ohnehin ausgemergelten Körper nichts entgegenzusetzen hatten.

Elisabeth und Anna spähten mühsam unter dem Umhang hervor, den sie sich über ihre Köpfe gelegt hatten und unter dem sie sich aneinanderdrängten. Die Mutter lag ganz still auf ihrem Umhang. Ihr Gesicht schien unnatürlich rosig, und es sah fast so aus, als würde sie es dem Schnee entgegenstrecken.

Leise flüsterte Elisabeth: »Mama, schläfst Du?«

Aber die Mutter rührte sich nicht. Elisabeth richtete sich langsam auf. Jeder einzelne Knochen tat ihr weh. Mit der Rechten tastete sie nach dem Gesicht der Mutter.

»Ihre Stirn ist ganz heiss!«, flüsterte sie der Schwester erschrocken zu. »Wir müssen unbedingt …«.

In diesem Moment gab es einen fürchterlichen Ruck, und das Fuhrwerk stand still. Der Karren war im hohen Schnee steckengeblieben.

Jetzt mussten alle absteigen, um den Wagen anzuschieben. Die beiden Mädchen deckten die Mutter liebevoll zu und begaben sich mit vor Kälte steifen Gliedern hinter den Karren. Nur mühsam gelang es ihnen mit vereinten Kräften, den Wagen Zentimeter für Zentimeter vorwärts zu bewegen. Endlich, als sie schon aufgeben wollten, zog das Pferd an, und der Wagen rollte wieder. So schnell sie konnten, sprangen sie einer nach dem andern wieder auf den Karren.

Elisabeth und Anna wechselten sich bei der Pflege ihrer Mutter ab. Liebevoll wischten sie ihr immer wieder über das glühende Gesicht. Die Sorge um die Mutter ließ sie sogar die Eiseskälte vergessen.

Als sie dann am Abend vor einem verlassenen Gut hielten, waren alle sehr dankbar, dass sie wenigstens in dieser Nacht nicht unter provisorisch aufgestellten Zeltplanen übernachten mussten.

Anna schleppte ihre Taschen ins Haus, während Elisabeth die Mutter aus dem Wagen hob. Daheim war ihr gar nicht aufgefallen, wie abgemagert sie war.

Plötzlich stand Erich vor ihr. Er nahm Maria Bergan auf seine Arme und trug sie ins Haus. Zielstrebig stieg er die breite Treppe hinauf, die zum ersten Stock führte, brachte die Mutter in ein komplett eingerichtetes Zimmer und legte sie behutsam auf ein breites Bett.

Wortlos ging er aus dem Raum, um wenig später mit Holz für den Ofen und einer Kanne heißem Tee wiederzukommen.

Elisabeth fand es bemerkenswert, dass sich der wortkarge Mann dabei sogar zu einem Kommentar aufraffte: »Ich schau später noch einmal vorbei. Wenn Ihr mehr Tee braucht, dürft ihr in die Küche im Erdgeschoss gehen. Die Lebensmittel, die ich gefunden habe, habe ich auf den Tisch gestellt.«

Kaum dass er den Satz beendet hatte, war er auch schon aus dem Raum. Dieser Erich war schon ein eigenartiger Mensch.

Obwohl sie von der Reise ganz erschöpft waren, konnten dir drei Frauen schlecht einschlafen. Irgendwann nach Mitternacht wachte Elisabeth von einem Geräusch auf, das sie nicht einordnen konnte.

Die Mutter wälzte sich im Schlaf hin und her. Sie stöhnte leise und murmelte etwas, wachte aber nicht auf.

Elisabeth legte ihre Hand auf die Stirn der Mutter. Sie schien ihr noch immer fiebrig heiß, und die kleinen Schweißperlen, die darauf standen, verrieten ihr, dass die Mutter ernsthaft erkrankt war.

Da war es wieder, dieses Geräusch!

Langsam erhob sich Elisabeth von ihrem Lager neben dem Bett ihrer Mutter. Die Glieder taten weh und sie musste sich zusammenreißen, um nicht laut aufzustöhnen. Neugierig und ein wenig ängstlich machte sie die Schlafzimmertür auf.

Im Gang war es stockfinster. Als sich ihre Augen an die Dunkelheit gewöhnt hatten, sah sie einen schwachen Lichtstrahl vom unteren Stockwerk herauf leuchten. Vorsichtig ging sie Stufe für Stufe hinunter. Sie tastete sich entlang der Wand bis zu dem Zimmer, aus dem der Lichtstrahl kam. Als sie gerade hineinsehen wollte, wurde sie grob am Oberarm gepackt und herum gerissen.

Elisabeth war so erschrocken, dass sie noch nicht einmal einen Laut von sich gab. Erich stand vor ihr und musterte sie mit finsterer Miene. Als er sie erkannte, ließ er sie los und ging voraus in die Küche.

Langsam erholte sich Elisabeth von dem Schrecken und schlich ihm nach.

»Ich ... äh ... ich hatte ein Geräusch gehört, und wollte nur nachsehen ...«, stotterte Elisabeth vor sich hin.

»Ist schon gut«, erwiderte Erich, » ich wollte nur wissen, wer sich hier nachts die Treppe herunter schleicht, ohne Licht zu machen.«

Er setzte sich an den Tisch und rieb sich die Augen. »Ich sehe schon Gespenster, wo gar keine sind.« Traurig und müde blickte er ins Leere. Eine ganze Zeit lang schwiegen beide. Dann fing Erich an zu reden, unaufgefordert, langsam und stockend: »Du wirst dich vielleicht fragen, warum ich nicht an der Front bin, sondern hier mit einem Flüchtlingstreck durch die Landschaft ziehe. Ich komme aus einem Dorf, vielleicht zweihundert Kilometer von dem euren entfernt. In unserer Einheit dienen viele Deutsche aus der Ukraine, und daher kenne ich auch deinen Bruder David. Wir merken natürlich auch an der Front, dass die russischen Partisanen unserem Nachschub schwer zu schaffen machen.

Und immer wieder sind Gerüchte durchgesickert, dass sie systematisch Jagd auf die hier lebenden Deutschen machen und dass sie keinen Deutschen verschonen, den sie in den zum größten Teil schon verlassenen deutschen Dörfern vorfinden. Als ich vor ein paar Wochen einige Tage Fronturlaub hatte, fuhr ich sofort heim, um nach meiner Familie zu sehen. Aber ich bin zu spät gekommen. Was sie mit meiner Familie gemacht haben, war einfach bestialisch.«

Erich schluckte und vergrub sein Gesicht in seinen großen, schwieligen Händen. Elisabeth hätte ihn am liebsten in die Arme genommen, aber sie wagte es nicht. So stand sie auf und stellte Teewasser auf den Herd. Als sie mit zwei Tassen Tee zum Tisch zurückkam, erzählte Erich mit Tränen erstickter Stimme weiter:

»Mein Vater, der schon über siebzig Jahre alt war, lag gefesselt am Küchenboden. Von seinem Gesicht war nichts mehr übrig, nur noch eine Masse rohen Fleisches und Gehirn, das über den gesamten Boden verteilt war. Sie haben ihm mit ihren Gewehrkolben den Schädel buchstäblich zu Brei geschlagen. Meine Mutter haben diese Schweine missbraucht und zu Tode gequält. Ihr Körper war übersät mit Brandwunden. Du kannst dir nicht vorstellen, was ich bei diesem Anblick empfunden habe. Als ich meine kleine Schwester nirgendwo finden konnte, wuchs in mir die lächerliche Hoffnung, dass sie hatte fliehen können. Wenig später fand ich sie tot auf dem Feld hinter dem Haus. Ihr Körper war noch warm. Oh, Gott! Sie war doch erst dreizehn!«

Elisabeth lauschte seinen Worten mit schreckgeweiteten Augen. Eiskalte Schauer liefen ihr über den Rücken.

»Mit dem unvorstellbaren Schmerz kam der Hass auf diese unmenschlichen Bestien. Ich sah ihre Spuren und folgte ihnen. Nach ein paar Stunden fand ich einige Partisanen in ihrem Lager am Waldrand. Ich tötete einen nach dem anderen. Ich erschlug einen nach dem anderen mit der Axt meines Vaters. Es war nicht einmal schwer, weil sie alle sturzbesoffen waren. Im Gras lagen eine Menge leerer Wodkaflaschen. Aber obwohl ich die Meinen gerächt hatte, empfand ich keine Genugtuung. Und in diesem Moment schwor ich mir, dafür zu sorgen, dass anderen Familien dieses Schicksal erspart bleibt. Und jetzt stecken wir hier fest in diesem fürchterlichen Schneechaos und können nur hoffen, dass wir den Russen nicht in die Hände fallen.«

Elisabeth spürte, wie eine panische Angst in ihr aufstieg. Auch wenn sie froh war, ein festes Dach über dem Kopf und endlich mal wieder etwas Warmes im Magen zu haben – Sicherheit bot dieses Haus bestimmt nicht. Sie befanden sich zwar weit hinter der Front in einem Gebiet, das angeblich von den Deutschen besetzt war, aber sie hatten in all den Tagen nicht einen einzigen deutschen Soldaten zu Gesicht bekommen, und niemand wusste, wo sich die nächste deutsche Einheit befand.

Sie nippten noch eine Weile an ihrem heißen Tee, bis sie sich entschieden, wieder schlafen zu gehen. Jetzt verstand Elisabeth, warum Erich so eigenartig und abweisend war.

Am nächsten Morgen schneite es immer noch. Dicke Flocken fielen vom bleigrauen Himmel herab und ließen die schon rund einen Meter hohe Schneeschicht immer weiter anwachsen. Eine Weiterreise war völlig ausgeschlossen. Es hätte für alle den sicheren Erfrierungstod bedeutet.

Elisabeth und Anna machten sich große Sorgen um ihre Mutter. Deren Zustand hatte sich noch immer nicht gebessert, und sie hatten eher den Eindruck, dass das Fieber noch gestiegen war. Ihr Gesicht glühte.

»Ich hole jetzt Schnee für Wadenwickel, das ist das einzige Mittel gegen Fieber, das mir einfällt«, sagte Elisabeth und machte sich auf den Weg, um eine Schüssel und alte Betttücher zu suchen. Die Kälte drang schnell durch ihre Kleider. Sie füllte einen Eimer und eine Schüssel mit Schnee und beeilte sich wieder ins Haus zu kommen.

Überall saßen die Flüchtlinge in Gruppen auf dem Boden und unterhielten sich leise. Der Treck bestand aus 15 Frauen und Kindern sowie einigen alten Männern, und alle waren erstaunlich ruhig und diszipliniert.

Elisabeth schlüpfte schnell in ihr Zimmer und machte sich gleich an die Wadenwickel.

»Gott sei Dank haben wir hier ein verlassenes Haus gefunden, und ein so großes dazu!«

»Ja, da haben wir wirklich Glück gehabt. Jetzt muss nur noch Mama schnell wieder gesund werden«, erwiderte Anna.

Sie legten der Mutter den ganzen Tag Wadenwickel an und erneuerten die Tücher auf der heißen Stirn.

Am Abend meldete sich der Hunger wieder. Auf der Suche nach Essbarem streifte Elisabeth durch das ganze Haus. Tatsächlich fand sie im Keller ein totes Huhn, das durch die Kälte wie eingefroren war, und machte sich, nachdem sie Erich um Rat gefragt hatte, daran, eine Hühnerbrühe zu kochen.

Der Mutter ging es dann am späten Abend tatsächlich wieder so gut, dass sie Appetit auf einen Teller Suppe hatte. Sie war nur so geschwächt, dass Elisabeth mehrere Decken hinter ihrem Rücken stapeln musste, um sie einigermaßen füttern zu können.

Diese Nacht schlief die Mutter ganz ruhig und tief. Das Fieber war Gott sei Dank gesunken. Am nächsten Morgen hatte sie sogar richtig Hunger, und von diesem Zeitpunkt an ging es mit ihr bergauf.

Am Ende der Woche hörte es endlich auf zu schneien. Die Vorräte gingen schon langsam zur Neige. Erich hatte sich mit einem Pferd auf den Weg gemacht, um die nähere Umgebung zu erkunden und etwas Essbares zu finden.

Als Erich am frühen Abend noch nicht zurück war, machten sich zwei der älteren Männer auf den Weg, um ihn zu suchen.

In dieser Nacht konnte niemand so richtig schlafen. Sie wechselten sich auf einem Posten am Fenster ab. Erst am frühen Morgen sahen sie in der Ferne drei Reiter in hohem Tempo auf das Gut zureiten. Das konnte nichts Gutes bedeuten.

»Schnell, packt eure Sachen zusammen«, rief Erich, noch bevor er aus dem Sattel glitt. »Die Russen sind nur zwei Dörfer von uns entfernt.«

In aller größter Eile wurden die Karren aus dem Stall geholt und beladen. Die meisten Flüchtlinge hatten ihre Sachen ohnehin bereits in der Nacht gepackt, weil es ihnen nicht geheuer war, dass Erich nicht zurückkam. Jetzt hieß es, alles so schnell wie möglich zu verstauen.

Die Jüngeren halfen den Älteren, die Stärkeren den Schwächeren, und schon fuhren die ersten Karren ab.

Es war sehr schwierig, die Wagen durch den tiefen Schnee zu lenken. »Hoffentlich bleiben wir nicht stecken!« flüsterte Elisabeth ängstlich. Aber Gott sei Dank war der Weg jetzt nicht mehr so uneben.

Der eisige Wind pfiff ihnen allen um die Ohren, und obwohl sie alle mehrere Jacken übereinander angezogen hatten, froren sie schon bald erbärmlich.

Stunde um Stunde verging, ohne dass sie auch nur einen Menschen zu Gesicht bekamen.

Erich hatte die Zügel den älteren Männern überlassen. Er selbst und eine Hand voll jüngerer Flüchtlinge versuchten, so gut es ging, die Wagenspuren mit Zweigen zu verwischen. Als die Dämmerung eintrat, waren alle so müde und abgekämpft, dass sie sich kaum noch aufrecht halten konnten.

Die meisten waren gerade eingenickt, als sie entferntes Donnergrollen hörten. Als sie sich umdrehten, sahen sie eine riesige weiße Wolke auf sich zukommen.

»Schnell, lauft so schnell ihr könnt in den Wald. Lauft um euer Leben«, schrie Erich, »und verteilt euch!«

Erich half den Alten von den Karren herunter. »Das dauert alles zu lang!«, schimpfte er. »Gerd, binde die Pferde los und treib sie in den Wald. Gib Ihnen die Peitsche, damit es schneller geht, und dann lauf!«

Elisabeth und Anna hatten die Mutter in die Mitte genommen. Sie trugen sie mehr, als dass sie lief. Im dichten Wald lag Gott sei Dank nicht so viel Schnee, so dass sie ganz gut vorankamen, bis Elisabeth stolperte. Sie hatte sich nur kurz umsehen wollen, weil die Russen mit großem Geschrei die Karren erreicht hatten. Dabei stolperte sie über eine Wurzel, und sie schlugen alle drei der Länge nach hin – das rettete ihnen das Leben.

Denn die Russen feuerten mit ihren Maschinenpistolen hinter den Flüchtenden her in den Wald. Geschosse surrten über ihre Köpfe hinweg. Gedämpft durch den Schnee, entstand eine unwirkliche Szenerie.

Viele wurden in den Rücken getroffen und brachen lautlos zusammen. Irgendwo weinte ein Kind. Regungslos blieben Elisabeth, Anna und die Mutter auf dem gefrorenen Boden liegen. Die Zeit schien still zu stehen.

»Nur nicht bewegen«, flüsterte die Mutter.

Mit lautem Geschrei drangen die Russen in den Wald ein. Es waren keine regulären Soldaten, denn sie trugen keine Uniformen, waren aber schwer bewaffnet. Sie plünderten die Leichen und töteten die noch Lebenden.

Die schweren Stiefel eines herannahenden Russen, ließen den harten Boden vibrieren.

Elisabeth, Anna und die Mutter hielten gleichermaßen den Atem an. Der Mann zerrte gerade an der einzigen Tasche, die sich Anna auf dem Karren noch schnell quer über die Schulter geworfen hatte, als in der Nähe ein Schrei und ein scharfer Befehl erklang.

Fluchend ließ der Russe von der Tasche ab und verschwand.

Es dauerte für sie eine Ewigkeit, bis Ruhe einkehrte. Vorsichtig hob Elisabeth langsam den Kopf.

»Sie sind weg, oh Gott, sie sind endlich weg«, flüsterte sie mit Tränen erstickter Stimme.

Die Mutter und ihre beiden Töchter rappelten sich auf, aber aufstehen konnten sie noch nicht. Der Schreck und die eisige Kälte hatten ihre Beine erstarren lassen.

»Wir müssen schauen, ob wir noch jemandem helfen können«, befahl die Mutter, die als Erste die Fassung wiedererlangt hatte. Langsam schwankte sie von Baum zu Baum auf die leblos herumliegenden Körper zu, während Elisabeth und Anna noch ganz benommen am Boden kauerten.

Nach und nach kamen diejenigen, die am schnellsten davongelaufen waren, aus dem tieferen Wald zurück. Gemeinsam suchten sie nach Überlebenden.

Die Toten wurden mit Schnee bedeckt, da der Boden hart gefroren war, und es auch kein Werkzeug gab, mit dem sie Gräber hätten ausheben können. Von überall her hörte man eilig gesprochene Gebete, dann sammelten sich die Überlebenden bei den Überresten der von den Partisanen angezündeten Karren. Die Russen hatten alles in Schutt und Asche gelegt.

Erich kam als letzter hinzu, mit zwei Pferden im Schlepptau. Er hatte in letzter Minute in einem Graben Schutz gefunden und sich als erfahrener Soldat so geschickt getarnt, dass ihn die Partisanen nicht entdeckt hatten, obwohl sie nur wenige Schritte von ihm entfernt gewesen waren.

»Sucht die Umgebung ab und schaut, was die Russen zurückgelassen haben. Gerd, nimm du das zweite Pferd, wir müssen schauen, ob wir die anderen beiden Pferde finden und einfangen können. Wir treffen uns bei Sonnenuntergang wieder hier. Elisabeth, du passt auf, dass das Feuer nicht ausgeht. Vielleicht läuft mir unterwegs ein Wild vor das Gewehr!«

Erich warf sich seinen Wehrmachtskarabiner über die Schultern, und die beiden Männer ritten davon. Die Überlebenden des Trecks suchten die nächste Umgebung nach ihren Habseligkeiten ab, aber die Russen hatten nichts zurückgelassen.

Sie scharrten sich alle ums Feuer, als Erich und Gerd endlich zurückkamen.

»Wir konnten die Pferde nicht finden! Hier sind wir nicht sicher, wir müssen weiter in Richtung Westen, vielleicht stoßen wir auf ein Dorf.«

Zu Elisabeth gewandt, sagte er etwas leiser: »Leider ist mir auch kein Wild vors Gewehr gekommen! Heute ist wohl nicht mein Glückstag!« Erschöpft schenkte er Elisabeth ein gequältes Lächeln.

Sie marschierten die ganze Nacht. Müde, hungrig und starr vor Kälte, schleppten sie sich durch die mondhelle, weiße Landschaft. Die klare Nacht hatte die Temperatur noch weiter sinken lassen.

Im Morgengrauen sahen sie am Horizont die Umrisse eines Dorfes. Es war ebenfalls geplündert worden. Alle Bewohner waren evakuiert worden bzw. geflohen, aber einige Häuser standen noch und boten ihnen Unterschlupf, so dass sie wenigstens ein wärmendes Feuer machen konnten, ohne dass sie dessen Schein verraten würde.

Sie teilten ihre letzten Vorräte so auf, dass jeder eine Kleinigkeit zu essen bekam. Aber viel war ihnen nach dem Überfall nicht geblieben. Nach dem Essen suchte sich jede Familie einen möglichst trockenen, überdachten Schlafplatz.

Erich und Gerd, ein rüstiger Sechziger, versuchten indes in den verlassenen Häusern Werkzeug und Holz zu finden, um daraus neue Karren zu bauen.

Elisabeth suchte für ihre Mutter und die Schwester einen trockenen Schlafplatz und richtete es so bequem wie möglich für sie her.

Anschließend half sie Erich und Gerd bei der Suche. Sie war Erich unendlich dankbar für seinen selbstlosen Einsatz. Denn ohne ihn wären sie wohl alle verloren gewesen.

Es gelang ihnen tatsächlich, drei fahrbereite Karren zu bauen, und mit diesen setzten sie ihre Flucht nach Westen in Richtung Warthegau fort.

Deutschland, November 1943

Im kleinen Schlösschen der Fabrikantenfamilie Wagner zu Braunschweig, saß Katharina Bergan in einem elegant möblierten Ankleidezimmer vor dem Spiegel und bürstete ihr Haar. Als Gesellschafterin der Tochter des Hauses führte sie ein angenehmes und sorgenfreies Leben. Sie hatte dort bereits vor dem Ausbruch des Krieges ein neues Zuhause gefunden.

Eigentlich war sie als Zimmermädchen eingestellt worden, hatte sich jedoch bald mit Hildegard, der Tochter des Hauses, angefreundet. Und nachdem Gustav und Hermine Wagner Katharina auf Herz und Nieren geprüft hatten, wurde Katharina die Gesellschafterin ihrer einzigen Tochter. Es war eine sehr tiefe und herzliche Freundschaft zwischen den gleichaltrigen Mädchen entstanden.

Natürlich war Katharina, das Mädchen aus dem ukrainischen Dorf, in keiner Weise auf den Umgang mit dem gesellschaftlichen Umfeld einer deutschen Unternehmerfamilie vorbereitet. Doch die freundlichen und fürsorglichen Hausleute sahen darin kein Hindernis, sondern schickten Katharina auf eine Benimmschule für höhere Töchter. Sie wurde komplett neu eingekleidet und durfte in ein wunderschönes Zimmer neben Hildegard einziehen. Katharina fühlte sich wie eine Prinzessin.

An diesem Tag aber schweiften ihre Gedanken wieder einmal in die Ferne, zurück zu ihrer Familie. »Wenn ihr doch nur in meiner Nähe wärt«, murmelte sie vor sich hin. Die letzte Nachricht von daheim war nun schon über einen Monat alt.

Katharina wusste, dass ihre Mutter mit Elisabeth und Anna in den Warthegau flüchten wollte, aber mehr hatte sie bisher nicht erfahren. Sie seufzte laut.

»Käthe, was machst du denn für ein Gesicht?« Ohne anzuklopfen stürmte Hildegard ins Zimmer. »Beeil dich lieber, die ersten Gäste treffen gleich ein, und du bist noch nicht einmal angekleidet. Stell dir vor, ich habe soeben erfahren, dass Arnold heute Abend auch kommt! Ich bin ja schon so aufgeregt! Wie schön, dass wir beide heute bei dem Geburtstagsfest von Vati dabei sein dürfen. Es hat mich so viel Überredungskunst gekostet, und du sitzt da und bläst Trübsal. Jetzt komm, zieh endlich diesen Traum aus roséfarbener Seide an, und dann lass uns ans Fenster gehen, um die ankommenden Gäste anschauen zu können«. Hildegard lief aufgeregt im Zimmer auf und ab. Dabei warf sie immer wieder einen prüfenden Blick in den Spiegel.

Hildegard war sehr eitel, aber Katharina musste sich eingestehen, dass sie selbst ebenfalls ziemlich eitel geworden war. Es war einfach so schön, wenn man so ein herrliches Kleid anziehen konnte.

Rasch ging sie zu dem Schrank, an dem ihr Kleid für diesen Abend frisch aufgebügelt hing. Ihre Sehnsucht nach ihrer Familie musste warten, sie wollte ihrer Freundin diesen Abend nicht verderben.

Eigentlich war Hildegard noch nicht offiziell in die Braunschweiger Gesellschaft eingeführt worden, aber heute durften sie beide mitfeiern.

Denn der Vater hatte gerade ein äußerst lukratives Geschäft abgeschlossen und war so gut gelaunt gewesen, dass Hildegard die Gelegenheit gleich beim Schopf gepackt und den Vater um die Teilnahme bei den Feierlichkeiten und neue Kleider für sich und Katharina gebeten hatte. Schließlich hatte der Vater mit einem halb resignierten, halb belustigten »also gut, aber nur dieses eine Mal« zugestimmt. Damit begannen die aufregenden Wochen der Vorbereitung. Es mussten Stoffe ausgesucht und bei der Schneiderin Maß genommen, die Zeitschriften nach den aktuellsten Frisuren durchgesucht und natürlich die richtigen Schuhe gefunden werden. Alles war so abgelaufen, als befände man sich im tiefsten Frieden und nicht im vierten Kriegsjahr. Aber Hildegards Vater verfügte über gute Beziehungen zu hohen Partei- und Wehrmachtskreisen, und während die meisten Deutschen mit dem, was sie auf Lebensmittelmarken erhielten, mehr schlecht als recht über die Runden kamen, war es im Hause Wagner kein Problem, Stoffe und Schuhe aus Paris und Weine aus Bordeaux zu besorgen.

Es war für die beiden Mädchen gar nicht so einfach gewesen, sich zu entscheiden. Hildegard hatte für sich ein fliederfarbenes Kleid gewählt, das ihr auch wirklich gut zu den hellblonden Haaren stand. Ihr langes Haar hatte sie aufgesteckt und mit vielen fliederfarbenen Steinchen geschmückt.

Katharina hingegen hatte sich, passend zu ihrem dunklen Haar, für zartes Rosa entschieden. Ihr Haar hatte sie vorn ein wenig in Wellen gelegt und hinten zu einem schlichten Knoten gewunden.

»Ach, sieh doch nur, wie furchtbar Charlotte wieder angezogen ist – viel zu bunt für ihr Alter. Der Vater von Christine sollte sich vielleicht mal einen neuen Frack machen lassen, es schaut so aus, als wäre er herausgewachsen. Oh, schau, Käthchen, schau, da kommt mein

Arnold. Oh nein, wie gut er heute wieder aussieht. Das hält mein Herz heute nicht aus! Lass uns schnell hinuntergehen. Oder nein, wir wollen ja Aufsehen erregen mit unserem Auftritt. Also warten wir lieber, bis möglichst viele Leute da sind. So in fünfzehn Minuten etwa. He, Käthchen, freust du dich denn gar nicht? Es ist doch so aufregend.«

Hildegard plapperte unentwegt weiter und merkte gar nicht, dass ihre Freundin immer stiller und bedrückter wurde.

Und sie hatten ihren Auftritt! Als Hildegard den Zeitpunkt für gekommen sah, schritten, nein schwebten sie die Treppe zur Eingangshalle hinunter.

Die bereits anwesenden Gäste hoben erstaunt ihre Köpfe. Aus den Mienen der männlichen Gäste sprach unverhohlene Bewunderung. Leider waren nicht so viele junge Männer anwesend, wie es sich Hildegard gewünscht hätte. Denn die meisten waren im Krieg, so dass sich zu den vielen Damen der Braunschweiger Gesellschaft nur einige ältere und kaum jüngere Herren gesellten. Die jedoch gerade da waren, ließen sich die Schrecken des Krieges nicht anmerken.

Hildegards Vater hatte die Produktion seiner Firma bereits frühzeitig auf Rüstungsgüter umgestellt und so dafür gesorgt, dass nicht nur er selbst, sondern auch einige Söhne aus dem Bekanntenkreis, die er beschäftigte, »uk« gestellt und damit dem Zugriff der Wehrmacht entzogen waren.

Als die beiden dann endlich in der Halle angekommen waren, wurden sie von Hildegards Mutter in Empfang genommen, die sie wortreich ihren Gästen vorstellte.

Sobald sich jedoch der Tumult über das Erscheinen der beiden hübschen jungen Mädchen gelegt hatte, zischte die Mutter Hildegard zu: »Du hättest beim Empfang der Gäste hinter uns stehen müssen!«

Hildegard lächelte die Mutter Verzeihung heischend an, so dass diese ihr nicht länger böse sein konnte.

Es wurde ein rauschendes Fest. Sie amüsierten sich hervorragend bis in die frühen Morgenstunden. Irgendwann wurden auch bei Katharina die traurigen Gedanken an ihre Familie vertrieben. Als sie endlich völlig übermüdet in ihrem weichen Bett lag, schlief sie auf der Stelle ein.

Warthegau, November 1943

Nach endlosen drei Tagen durch die Schneewüste kamen die Flüchtlinge, die alle sehr geschwächt waren und an Erfrierungen und Hunger litten, endlich an das lang ersehnte Ziel, die Dnepr. Dort wimmelte es nur so von deutschen Soldaten, die die Flüchtlinge ans andere Ufer brachten.

Alle atmeten auf. »Wir haben es geschafft!«, murmelte die Mutter ergriffen. Sie umarmten sich alle mit Tränen der Freude in den Augen. Die innere Anspannung löste sich ein wenig.

Jenseits des Dnepr wurden sie ständig von deutschen Soldaten überwacht. Nicht dass diese sie immer begleitet hätten, aber an jeder Kreuzung standen Posten, um ihnen die richtige Richtung zu weisen. Auch die Zeit des Hungers war nun vorüber. Sie wurden von den Deutschen mit Brot und Speck versorgt, sogar Gläser mit Marmelade wurden verteilt. Es war nach der langen Zeit des Hungerns ein Festmahl.

Am Bahnhof von Belaja Cerkov wurden die Flüchtlinge, die täglich dort eintrafen, auf Züge in Richtung Warthegau verteilt. Obwohl alle glücklich waren, es bis dorthin geschafft zu haben, machte sich bei vielen ein mulmiges Gefühl in der Magengegend breit. Denn die Zukunft war mehr als ungewiss.

Im Warthegau wurden die Flüchtlinge familienweise auf die umliegenden Bauernhöfe verteilt. Elisabeth, Anna und die Mutter waren durch die fortwährenden Strapazen so müde und erschöpft, dass sie froh waren, in ein gemeinsames Quartier eingewiesen zu werden.

Als sie am Bahnhof aus dem Zug stiegen, mussten sie sich in Listen eintragen.

»Wartet hier mit dem Gepäck, ich bin gleich zurück«, sagte die Mutter und verschwand im Gewühl.

»Hoffentlich kommen wir auf den größten und schönsten Hof, den es gibt«, träumte Anna laut vor sich hin. »Ich möchte es genauso schön haben wie Katharina. Schöne Kleider tragen und große Feste feiern, auch wenn ich nur die Herrschaften bedienen darf. Das wäre toll.«

Elisabeth hingegen dachte für ihr Alter von vierzehn Jahren sehr realistisch.

»Hauptsache wir haben ein Zimmer, in dem es schön warm ist, und eine Arbeit, damit wir nicht hungern müssen.«

»Ach laß mich doch ein wenig träumen, Schwesterchen.«

Dann kam die Mutter zurück. »So, Kinder, wir haben es geschafft. Unser neues Zuhause ist eine Tagesreise mit der Kutsche von hier entfernt. Wir müssen zu den Soldaten dort drüben, die die blauen Schilder tragen.« Sprachs und griff sich die Tasche.

Elisabeth und Anna schauten sich erstaunt an. So aktiv hatten sie ihre Mutter schon lange nicht mehr gesehen.

Obwohl sie sich im Vergleich mit den bisherigen Karren, wie eine Luxuskutsche ausnahm, wurden die Sitze des einfachen Bauernfuhrwerks mit der Zeit doch recht hart. Elisabeth und Anna stöhnten leise in sich hinein, aber die Mutter strahlte förmlich trotz aller Schwäche und Müdigkeit.

»Der Soldat, der uns diesem Bauernhof zugeteilt hat,

kennt den Bauern. Er hat sehr positiv über ihn geredet. Dann kann es ja nur aufwärts gehen.«

Der Bauer war tatsächlich ein sympathischer Mann. Er ließ den drei Flüchtlingsfamilien, die ihm zugeteilt worden waren, im Anbau des stattlichen Haupthauses ihre Zimmer zeigen und daraufhin einen köstlichen Eintopf auftischen. Nach der Mahlzeit wurden sie den unterschiedlichen Arbeitsbereichen des großen Hofes zugeteilt.

Die Mutter wurde ihrer angeschlagenen Gesundheit wegen zur Arbeit in der Küche eingeteilt. Am nächsten Morgen um fünf Uhr sollte sie sich dort einfinden. Die beiden Mädchen sollten den Winter über helfen, das Vieh zu versorgen, und im Frühjahr dann auf den Feldern mitarbeiten. Alles wäre zu schön gewesen, wenn sie nur gewusst hätten, wie es Johann, Peter und David ging.

In dieser Nacht schliefen sie alle sehr gut, und als um fünf Uhr morgens dann der Bauernhof langsam zum Leben erwachte, waren sie alle ausgeruht und willens, bei der Arbeit kräftig mit anzupacken.

Nachdem es auch hier wenig Männer gab, mussten Elisabeth und Anna die Ställe ausmisten und die schweren Eimer mit Milch oder Futter schleppen. In den ersten Tagen war die harte Arbeit eine gute Therapie, doch mit der Zeit litt Elisabeth zunehmend unter Schmerzen im Unterleib, und eines Morgens brach sie dann einfach unter der schweren Last zusammen. Weinend lief Anna zum Haupthaus.

»Schnell, wir brauchen einen Arzt!« schrie sie. »Elisabeth ist ohnmächtig geworden. Sie rührt sich nicht mehr!«

Die Bäuerin und die Mutter waren gerade mit dem Kochen des Mittagessen beschäftigt. Sie ließen alles stehen und liegen und liefen zum Stall.

»Wir müssen sie vorsichtig auf eine Pritsche legen und zum Haupthaus hinüber tragen.«

Die Bäuerin packte selbst mit an. »Legt ihre Beine hoch, ich hole schnell das Riechsalz«, sagte sie.

»Wie konnte denn das passieren?« fragte die Mutter Anna.

»Ich weiß auch nicht, aber Elisabeth klagte schon seit Tagen über Bauchschmerzen.«

Stöhnend kam das Mädchen dann endlich wieder zu sich. Sie hielt sich den Bauch. »O Mama, mir tut alles so weh!« wimmerte sie.

»Ich habe schon jemanden um den Arzt geschickt. Allerdings ist das nächste Dorf zwanzig Kilometer entfernt«, sagte die Bäuerin zu der verängstigten Mutter. Dann befahl sie resolut: »Maria, du bleibst bei deiner Tochter, bis der Arzt kommt. Alle anderen gehen zurück an die Arbeit.« Dabei schaute sie Anna scharf an, die lieber bei ihrer Schwester geblieben wäre.

Nach Stunden kam endlich der Arzt aus dem Nachbarort. Nachdem er Elisabeth untersucht hatte, sagte er mit ernster Miene: »Das Mädchen darf nicht so schwer heben. Es ist völlig unterernährt und sollte eine Zeitlang keine körperlich schweren Arbeiten verrichten.«

Die Bäuerin war eine gutmütige Frau. Sie zeigte viel Verständnis und teilte die Arbeit anders ein.

»Jetzt ruhst du dich erst aus und isst ordentlich, damit du wieder zu Kräften kommst. Nächste Woche kannst du dann Ivanas Arbeit im Haus übernehmen.«

Die Mutter drückte ihr dankbar die Hand.

Mit der Arbeit im Haupthaus kam Elisabeth gut zurecht, da sie nichts Schweres mehr tragen musste. Nachdem sie sich wieder einigermaßen erholt hatte, ging sie voller Energie an die Arbeit.

Die Sonne strahlte durch die blitzblank geputzten Fenster. Die alten Möbel wurden von Elisabeth so lange poliert, bis sie aussahen wie neu, und die Fichtendielen der Fußböden wurden fast weiß vom vielen Scheuern. Alles blitzte vor Sauberkeit.

Selbst der Bauer, der für solche Dinge normalerweise kein Auge hatte, hob anerkennend seine buschigen Augenbrauen, wenn er Elisabeth auf dem Gang begegnete. Und die Bäuerin hatte Maria mit ihren beiden Töchtern ohnehin bereits ins Herz geschlossen.

So vergingen Wochen und Monate. Der Frühling brach herein. Die vielen Felder des großen Hofes mussten nun bestellt werden. Alle arbeiteten fleißig von Sonnenaufgang bis Sonnenuntergang.

Als kleines Dankeschön durften dann alle auf dem Bauernhof Tätigen an Ostern mit zur Kirche fahren, sofern sie es wollten.

Die meisten aber waren so erschöpft, dass sie es vorzogen, einmal so richtig auszuschlafen.

Maria mit ihren beiden Töchtern Elisabeth und Anna nahm das Angebot des Kirchenbesuches jedoch dankend an. Allein der Gedanke, vielleicht wieder ein paar bekannte Gesichter zu sehen, versetzte sie in Hochstimmung. Außerdem wollten sie Gott in der Stille danken für den bisher so guten Ausgang ihrer Flucht.

Sie zogen ihre besten Kleider an und machten sich auf den Weg in das Dorf St. Marina. Der Gottesdienst war für sie alle ein beglückendes Ereignis.

Die Sonne schien während der gesamten Feier durch die farbigen Gläser, die sich an der Ostseite der Kirche in einem schmalen Fenster bis zur Kuppel hochzogen.

Die tiefe Stimme des Pfarrers hallte durch das Kirchenschiff. Tief bewegt vernahmen sie alle aus seinem Mund die alt vertraute Ostergeschichte, und die meisten Frauen wischten sich verstohlen Tränen der Rührung aus den Augen. Nach der gerade erst erlebten Flucht und der unmittelbaren Todesgefahr, der sie nur um Haaresbreite entronnen waren, empfanden sie die Botschaft vom Leiden Christi und seiner Auferstehung viel tiefer als in der Sicherheit eines friedlichen Lebens.

Als der Pfarrer die Stelle in der Bibel vorlas, wo Jesus von den Toten auferstanden war, ging ein Aufatmen durch die Reihen der leidgeprüften Gottesdienstbesucher.

Als Elisabeth als eine der letzten die Kirche verließ, stockte ihr der Atem, als sie Erich vor dem Portal stehen sah. Mit ernster Miene blickte er ihr entgegen. So blass und abgemagert hatte sie ihn gar nicht in Erinnerung gehabt, aber sie freute sich sehr, ihn zu sehen.

»Hallo Erich, wie schön, dich zu sehen! Wie geht es dir?«

Strahlend streckte ihm Elisabeth die Hände entgegen.

Erich lächelte nicht, doch an seinen Augen konnte sie erkennen, dass auch er sich freute, sie zu sehen.

»Hallo Elisabeth, schön dass ich dich hier treffe. Ich wusste zwar, dass ihr hier in der Gegend untergebracht seid, aber ich wusste nicht, auf welchem Bauernhof. Unser Zusammentreffen hat mir nun eine ganze Menge Arbeit erspart!«

Das Lächeln auf Elisabeths Gesicht gefror in einem

Augenblick. Sie spürte, wie sich lähmende Angst in ihr ausbreitete.

»David?«, war das einzige Wort, das sie noch über ihre Lippen brachte.

»Nein, nein, keine Sorge, er lebt noch. Ich habe ihn vor kurzem getroffen. Aber er lässt euch ausrichten, dass ihr sofort eure Sachen packen und euch meinem Treck in Richtung Preußen anschließen sollt. Sobald er kann, will er euch dort besuchen, aber im Moment kann er euch leider nicht helfen.«

Elisabeth sackte in sich zusammen.

»Oh nein, nicht schon wieder fliehen. Wir haben hier doch eben erst Fuß gefaßt!«

»In der Zwischenzeit habe ich noch einige Trecks hierher geführt. Die Lage wird immer ernster! Die deutschen Truppen sind überall in der Defensive, und die Russen werden immer stärker. Die Rote Armee drängt uns nun Stück für Stück weiter zurück. Keiner weiß, wie lange die Ostfront noch hält. Hier seid ihr nicht mehr sicher. Je früher ihr euch auf den Weg macht, um so besser kann es für euch ausgehen.«

Als Erich die Verzweiflung in Elisabeths Augen sah, fügte er mit beinahe zärtlicher Stimme hinzu: »Ich weiß, dass es für euch sehr hart ist, weiterzuziehen, aber wie die Russen in den Gebieten wüten, die ihnen in die Hände fallen, das brauche ich dir ja nicht mehr zu beschreiben! Ich darf es ja nicht laut sagen, weil ich wegen Wehrkraftzersetzung erschossen werde, wenn mich ein Parteibonze hört, aber der Krieg ist verloren!«

»Aber das kann doch nicht sein, Erich!«, ereiferte sich Elisabeth. »Deutschland hat fast ganz Europa besetzt. Der Führer weiß bestimmt, was er tut!«

»Du weißt nicht, wie es an der Front zugeht«, entgegnete Erich düster. Auf jedes unserer Flugzeuge kommen zehn feindliche, unsere Panzer fahren nicht mehr, weil es überall an Sprit fehlt. Die Städte im Westen liegen in Trümmern. Je weiter östlich ihr euch aufhaltet, wenn der Krieg zu Ende geht, desto gefährlicher wird es für euch werden. Ihr müsst stark sein und euch auf den Weg machen. Haltet euch an die Anweisungen der deutschen Soldaten. In Döllensradung werden wir uns treffen, wenn alles gut geht. Ich kann den Umweg mit meinem Treck leider nicht machen, um euch abzuholen. Aber es kann euch wirklich nicht viel passieren, weil überall deutsche Soldaten stehen!«

Erich drückte kurz, aber fest Elisabeths schmale Hand und verschwand. Elisabeth versuchte noch einen Blick auf ihn zu erhaschen, aber die immer noch große Menschenmenge vor der Kirche verschluckte ihn. Niedergeschlagen suchte Elisabeth ihre Mutter und ihre Schwester.

Sie wollte nicht schon wieder flüchten. Es gefiehl ihr hier in Polen, aber es war ihr natürlich auch klar, dass dies keine Dauerlösung war. Eigentlich hatte sie immer davon geträumt, dass dieser fürchterliche Krieg bald zu Ende wäre und ihre Brüder sie alle von hier abholen würden, um irgendwo wieder ein Zuhause zu schaffen.

Elisabeth seufzte tief – ein Zuhause!

Endlich fand Elisabeth ihre Mutter. Sie war in ein Gespräch mit dem Pfarrer und der Bäuerin vertieft. Maria sah ihrer Tochter gleich an, dass irgend etwas nicht in Ordnung war. Das Gespräch verstummte, und alle sahen sie erwartungsvoll an.

»Mama, wir müssen schon wieder fliehen! Ich habe gerade Erich getroffen, der uns eine Nachricht von David überbracht hat. Wir sollen sofort unsere Sachen packen und weiter in Richtung Preußen ziehen.«

»Gott sei Dank, David lebt!«, rief die Mutter, dann erst wurde ihr die volle Bedeutung des eben Gesagten klar. »Wieder flüchten! Aber wohin denn nur und vor allem, wie?« Maria blickte betroffen in die Runde.

»Dass die Deutschen auf dem Rückzug sind, ist ja unübersehbar, aber dass es jetzt so eilig sein soll, dieses Gebiet zu verlassen?«, sagte der Pfarrer nachdenklich.

Es dauerte eine Weile, ehe die Bäuerin die Nachricht verkraftet hatte, denn mit Maria und ihren Töchtern verlor sie ihre besten Arbeitskräfte. Doch dann zeigte sie ihre menschliche Größe und sagte: »Maria, geht nur dorthin, wo es für euch am besten ist. Ihr bekommt unseren alten Karren, und ein Pferd werden wir für euch auch noch finden. Aber ihr sollt auch wissen, dass ihr jederzeit zu uns zurückkommen könnt. Wir werden euch mit offenen Armen aufnehmen! Nun kommt, lasst uns keine Zeit verlieren. Nach dem Mittagessen könnt ihr eure Sachen packen.

Verwirrt und bekümmert machten sie sich auf den Heimweg zum Bauernhof. Maria musste auf ihre Ersparnisse zurückgreifen, um einen Gaul zu kaufen. Einen weiteren Gaul, einen Karren und eine große Kiste Proviant bekamen sie von den Bauersleuten als Abschiedsgeschenk für ihre guten Dienste. Das waren wirklich gute Menschen.

Die zwei anderen Flüchtlingsfamilien, die diesem Bauernhof zugewiesen worden waren, wollten noch abwarten. Sie meinten, so schlimm könne es wohl nicht werden. Die Front war ja noch weit entfernt, und die deutschen Soldaten würden schon Bescheid geben, wenn die Lage hier tatsächlich so ernst wäre.

Bei Sonnenaufgang brachen Maria Bergan und ihre beiden Töchter Elisabeth und Anna auf in Richtung Ostpreußen. Sie erkannten sofort, dass Erich Recht hatte. Als sie die erste größere Stadt erreichten, wimmelte es dort nur so von deutschen Soldaten und Flüchtlingen.

Maria, Elisabeth und Anna schlossen sich einem Treck in Richtung Döllensradung an in der Hoffnung, dort auf Erich zu treffen. Nach einigen Stunden Fahrt stockte der Treck. Eine ausgemergelte Mähre, die man vor einen kleinen Karren gespannt hatte, war vor Erschöpfung eingeknickt und stand nicht mehr auf. Beim Umrunden des Unglückskarrens sah Maria in verängstigte und bittende Augen. Maria hielt an und ließ zwei Mütter mit ihren beiden Töchtern aufsteigen. Das gesunde Pferd wurde zusätzlich angespannt und das Gepäck umgeladen. Ein Soldat, der den Treck begleitet hatte, versprach, sich um das kranke Pferd zu kümmern.

»Vielen Dank, dass ist wirklich sehr freundlich von euch, uns mitzunehmen. Ich heiße Lena«, stellte sich eine der Mütter vor, »das ist meine Tochter Marita und das ist meine Cousine Lilli mit ihrer Tochter Irina.«

»Wir nehmen euch gerne mit«, erwiderte Maria lächelnd. »In dieser schweren Zeit müssen wir zusammenhalten.«

Sie freundeten sich alle recht bald an und teilten bei der nächsten Rast auch ihren Proviant.

Die folgenden Tage waren nass und windig. In den Regenpausen gingen Elisabeth und Anna die meiste Zeit neben dem Wagen her, weil die Kleider so am Körper schneller trockneten. Bei einem großen Schlagloch, das sich nicht umfahren ließ, brach zu allem Unglück ein Wagenrad.

Ein Wagen nach dem andern überholte sie, aber keiner hielt an, um ihnen zu helfen. Die meisten sahen sogar weg, während sie vorüberfuhren. Und denen, die herübersahen, standen Angst und Scham ins Gesicht geschrieben. Aber das half Maria und ihren Töchtern nichts.

Normalerweise konnte man ein beschädigtes Wagenrad recht schnell austauschen, und Maria wusste durchaus, wie man das machte. So würde man den Treck bald wieder eingeholt haben. Maria jedoch gelang es nicht. Das Wagenrad hatte sich an der Nabe verklemmt und es dauerte eine gute Stunde, bis sie es mit vereinten Kräften gelöst hatten.

Längst war der letzte Wagen des Trecks an ihnen vorbeigefahren. Sie fuhren nun so schnell, wie es der Weg zuließ. Maria wusste, dass sie nicht noch einen Radbruch riskieren durfte, denn nun hatten sie kein Ersatzrad mehr. Sie machten nur kurze Pausen, um die Pferde fressen und saufen zu lassen und fuhren die ganze Nacht durch.

Glücklicherweise hatte der Treck längere Pausen gemacht, so dass sie ihn schon am nächsten Vormittag in der Ferne auf einem parallel zu ihnen verlaufenden Weg dahinziehen sahen.

Nowosibirsk, April 1943

Gehetzt blickte er immer wieder über die Schulter zurück. Er lief, so schnell er konnte, und versuchte nicht auf seinen Magen zu achten, der oftmals so laut knurrte, dass er zusammenzuckte.

Gregor Giesheim war gerade erst fünfzehn Jahre alt geworden, als ihn die Russen verhafteten und in ein Arbeitslager steckten. Obwohl seine Mutter in der gleichen Zone untergebracht worden war, kam er fast um vor Heimweh. Dazu kam die Masse an Wanzen und Läusen, die keinem der Insassen auch nur eine Minute Nachtruhe gönnte.

Es kam einer Erlösung gleich, als ihm ein neu eingelieferter Häftling aus seinem Heimatdorf einen Zettel zusteckte, auf dem ihn seine beiden Schwestern Greta und Marianne dringend baten heimzukommen, da sie beide sonst verhungern müssten. Über eine Aufseherin, die ein gutes Herz hatte, nahm Gregor Kontakt zu seiner Mutter auf.

Nachdem sie mit seinen Fluchtplänen einverstanden war, floh er in der darauf folgenden Nacht durch ein Loch im Drahtzaun. Das Arbeitslager war nicht besonders wirkungsvoll gesichert, da die sowjetischen Behörden kaum mit Fluchtversuchen rechneten. Das Gebiet war sehr dünn besiedelt, und die nächste Ortschaft lag einen guten Tagesmarsch entfernt – wenn man den Weg kannte. Gregor kannte ihn nicht und lief nun schon seit zwei Tagen und zwei Nächten durch die verschneite Steppe Sibiriens. Als er endlich an die Bahngleise kam, die ihm die Sicherheit gaben, in die richtige Richtung zu laufen, weinte er vor Freude.

Er ging den Gleisen nach und erreichte einen Bahnsteig in einem kleinen, verschneiten Städtchen, dessen Name er nicht kannte.

Gregor war müde, hungrig und schämte sich seiner zerrissenen und nassen Kleidung. Er suchte Schutz im Schatten der ersten Häuser, der Magen knurrte ihm, und es war ihm ganz schlecht vor Hunger. Fieberhaft überlegte er, wo er sich ein wenig aufwärmen und wo er etwas zu essen finden könnte. Vor Kälte und Schwäche zitterte er am ganzen Körper.

Plötzlich legte sich eine schwere Hand auf seine Schulter. Sein sehniger Körper spannte sich, bereit um sein Leben laufen zu müssen. Er blickte über die Schulter und sah einen alten Mann, der ihm gütig zulächelte. Mit einer Handbewegung gebot er Gregor, ihm zu folgen.

Der alte Mann blieb vor einem stattlichen Haus stehen. Gregor hatte Angst. War es vielleicht ein von der Miliz beschlagnahmtes Gebäude? Hatte er die Strapazen umsonst auf sich genommen? Wollte der alte Mann ihn ausliefern?

Tausend Gedanken schossen Gregor durch den Kopf, aber er war zu erschöpft, um davonzulaufen. Er konnte nur beten, dass alles gutgehen würde.

Langsam gingen sie die Stufen zur Eingangstür hoch. Als der alte Mann die Tür geöffnet hatte, konnte Gregor im düsteren Eingangsbereich schemenhaft Einrichtungsgegenstände erkennen. Er folgte dem Alten ins Haus. Der reichte Gregor wortlos einen dicken Mantel und schwere Lederstiefel. Er zog ihm seine zerschlissenen Filzstiefel von den wunden Füßen, bandagierte sie dick mit Filz und streifte ihm die Lederstiefel über.

Als Gregor einen Blick in die Wohnstube des alten Mannes werfen konnte, sah er ein großes Bild, auf dem ein junger Mann in russischer Uniform zu sehen war. In einem Halbkreis um dieses Bild waren Kerzen und Blumen aufgestellt.

Der Alte winkte Gregor zum Tisch und ließ ihn Platz nehmen. Beim Essen erzählte der alte Mann, dass sein Sohn von deutschen Soldaten getötet worden sei. Als er Gregors verängstigten Blick sah, beeilte er sich zu versichern, dass Gregor nichts dafür könne und dass dieser Krieg nun einmal ein Krieg sei, in dem es nur Verlierer geben könne. Ihm habe der Krieg das Liebste geraubt, das er besessen hatte, aber er hoffe, dass wenigstens Gregor diesen Wahnsinn überleben würde.

Beim Abschied umarmte Gregor seinen unbekannten Gönner voller Dankbarkeit, und als er sich noch einmal umdrehte, sah er den alten Mann bitterlich weinen.

Gregor machte sich auf den Weg zum Bahnhof und hoffte, dass am selben Tag noch ein Zug nach Süden abfahren würde. Der neue Mantel und die warmen Stiefel gaben ihm neue Zuversicht. Gregor erreichte den Bahnsteig. Er wusste, dass er vorsichtig sein musste. Er war noch immer auf der Flucht, und so beobachtete er alle Menschen auf dem Bahnsteig sehr genau. Als endlich ein Zug hielt, zitterte Gregor vor Aufregung am ganzen Körper. Er sprang erst auf, als sich der Zug bereits wieder in Bewegung setzte. Im Zugabteil standen dichtgedrängt mit dicken Wolltüchern vermummte Frauen. Dankbar für seinen neuen Mantel, schlang er beide Arme um seinen Körper und lehnte sich in eine Nische, von der aus er das gesamte Abteil überblicken konnte. Keiner der Fahrgäste nahm von ihm Notiz.

Wenn der Zug in einen Bahnhof einfuhr, duckte er sich noch enger in die Nische und suchte mit den Augen den Bahnsteig nach der Miliz ab. Er konnte sein Glück kaum fassen, als er feststellte, dass die Fahrkarten nicht kontrolliert wurden und die Miliz diesen Zug einfach passieren ließ.

Die Müdigkeit und die Wärme seines Mantels ließen ihn kurz einschlummern. So wurde er in eine Gruppe von Marktfrauen geschleudert, als der Zug plötzlich scharf bremste. Grob schoben sie ihn von sich. Erschrocken schaute Gregor aus dem Fenster und hätte beinahe vor Schreck in die Hose gemacht, als er eine Gruppe bis an die Zähne bewaffneter Miliz sah.

Noch bevor der Zug endgültig zum Stehen kam, schob Gregor mit einem kräftigen Ruck die Tür zur anderen Seite auf und sprang aus dem Zug. Er rollte den aufgeschütteten Damm so schnell hinunter, dass er zuerst starr im hohen Schnee liegenblieb.

Er hörte lautes Brüllen und Befehle in russischer Sprache. Gregor wollte aufstehen und davonlaufen, aber seine Beine gehorchten ihm nicht. Tränen liefen ihm über die Wangen. Er vergrub sein Gesicht in seinen Händen und flüsterte: »Bitte, bitte lieber Gott, lass den Zug weiterfahren. Ich muss doch zu meinen Schwestern. Bitte verschone mich.«

Die geöffnete Zugtür hatte ihn jedoch verraten.

Als er aufwachte, lag er auf einer schmalen Pritsche. Verschwommen erinnerte er sich an einen zu einem hämischen Grinsen verzogenen Mund und einen auf ihn herabsausenden Gewehrkolben. Gregor hatte furchtbare Kopfschmerzen und fror erbärmlich.

Sie hatten ihm den Mantel weggenommen, ihm aber wenigstens die Stiefel gelassen. Ganz vorsichtig hob er seinen Kopf ein wenig. Er befand sich allein in einer kleinen dunklen Kammer. Durch einen Türspalt drangen Licht und Stimmengewirr. Die Miliz war also im Zimmer nebenan.

Gregor erkannte an den Stimmen der Männer und der Lautstärke, dass die meisten von ihnen wohl betrunken waren. Er musste hier schnellstmöglich weg. Fieberhaft schaute er sich in der Kammer um. Vielleicht gab es eine zweite Tür oder ein Fenster. Aber außer dem Lichtspalt unter der Tür fiel kein anderes Licht in die Kammer. Wenn er verschwinden wollte, musste er also durch diese Tür.

Gregor stand langsam und vorsichtig auf und versuchte dabei, jedes Geräusch zu vermeiden. Er musste aufpassen, dass er in der Dunkelheit nichts umwarf und nirgendwo anstieß. Immer wieder blieb er stehen und lauschte.

Die Tür war nur noch wenige Schritte entfernt. Gott sei Dank schien sich niemand um ihn zu kümmern. Jetzt hatte Gregor die Tür erreicht. Langsam drückte er die Klinke herunter, lauschte erneut, dann öffnete er sie einen Spalt.

Die Miliz war scheinbar genau gegenüber in einem Raum, der durch einen schmalen Hausflur von seinem Raum getrennt wurde. Leise öffnete er die Tür weiter. Als sie ein wenig knarrte, blieb ihm fast das Herz stehen, aber die Männer schrien so laut, dass sie das Geräusch unmöglich gehört haben konnten.

Das Licht der Dämmerung fiel in den Hausflur, und Gregor erkannte, dass die Haustüre nur ein paar Schritte entfernt war und einen Spalt offenstand. Als er langsam eine Hand nach der Tür ausstreckte, erhob sich lärmend einer der Männer und kam wild gestikulierend und vor sich her schimpfend zum Durchgang.

Gregor schaffte es nur deshalb, ungesehen zurück zu seiner Pritsche zu kommen, weil sich der auf ihn zukommende Mann noch einmal zu seinen Kollegen umgedreht hatte, um eine Antwort zu geben.

Der Mann erledigte draußen sein Geschäft, kam wieder polternd zur Tür herein und zog diese fest hinter sich zu. Gregor, der sich schlafend stellte, hielt den Atem an, als er merkte, dass der Mann ein paar Schritte auf ihn zukam.

Wieder wurde er durch den Zuruf eines der am Tisch sitzenden Milizionäre gerettet. Der Mann, der nach ihm gesehen hatte, wandte sich ab und kehrte zu seinen Kameraden zurück.

Als Gregor wieder das Gefühl hatte, unbeobachtet zu sein, ging er nochmals ganz langsam in Richtung Tür.

Verzweifelt überlegte er, wie er die Haustüre öffnen sollte, ohne die Aufmerksamkeit der Männer auf sich zu ziehen. Trotz der Kälte bekam er einen Schweißausbruch. Schließlich zwang er sich, langsam bis zehn zu zählen und es dann einfach zu wagen. Als er bei acht angekommen war, entbrannte im Nachbarzimmer ein lautstarker Streit. Gregor bekam in seiner Aufregung nur soviel mit, dass es sich um Spielschulden handelte.

Als ein Stuhl umgeworfen und ein Glas an der Wand zersplitterte, wagte es Gregor blitzschnell, die Tür einen Spalt zu öffnen, eine Wolldecke zu packen, die jemand beim Eintreten achtlos auf den Boden geworfen hatte, und sich eiligst aus dem Staub zu machen.

Er lief so schnell er konnte. Gott sei Dank ließ das heftige Klopfen im Kopf bald nach. Er schritt nun gleichmäßig vor sich hin, die Decke fest um seine Schultern geschlungen.

Gregor hatte das Haus hinter sich gelassen und lief geradewegs in ein kleines Wäldchen. Er wusste, dass ihm das auch keinen Schutz bot, denn sobald man sein Fehlen bemerkte, bestand die Gefahr, dass man ihn suchen würde. Er musste also zusehen, dass er so schnell wie möglich aus dieser Gegend verschwand.

Der Einbruch der Dunkelheit bot ihm zwar ein wenig Schutz – er konnte sich nicht vorstellen, dass sie nachts nach ihm suchen würden –, erschwerte jedoch auch seine Orientierung, und er musste aufpassen, dass er im Dunkeln nicht über eine Baumwurzel stolperte und sich ein Bein brach.

Er schlang die Wolldecke noch fester um seinen Körper und tastete sich vorsichtig weiter.

Gebiet Stalino, Kotlorewka

Etwa zur gleichen Zeit saß Greta auf der Bettkante von Mariannes Bett, und streichelte unentwegt das magere Gesicht der Schwester. Dieses Gesicht war eingefallen und faltig wie das einer alten Frau.

Seit zwei Monaten hatten sie kaum mehr etwas Vernünftiges zu essen. Ab und zu gelang es ihnen, in der Stadt ein paar Kartoffeln oder eine Brotkante zu erbetteln, aber die Zeiten wurden immer schwerer, so dass es vielen anderen genauso schlecht ging und niemand mehr etwas zu verschenken hatte.

»Halte durch, Marianne, mir wird schon noch irgend etwas einfallen, wie wir zu etwas Essbaren kommen!« sagte Greta verzweifelt.

Marianne lächelte sie müde an und drückte Gretas Hand. Zum Sprechen hatte sie keine Kraft mehr.

Als Greta den gleichmäßigen Atem von Marianne hörte, stand sie leise auf und ging aus dem Haus. Fieberhaft überlegte sie, wen sie nochmals um ein Stück Brot anbetteln könnte.

Die beiden Mädchen hatten sich damals gerade noch rechtzeitig verstecken können, als die russischen Soldaten in das deutsche Dörfchen Kotlorewka eindrangen. Sie hatten noch einen letzten Blick auf ihre Mutter und ihren großen Bruder werfen können, als diese an dem kleinen Wald, am Rande ihres Dorfes, vorbeikamen. Wie Vieh hatte man sie alle auf große Karren verladen und weggebracht. Die Mutter hatte ihre beiden Töchter am frühen Morgen dieses verhängnisvollen Tages in die Stadt geschickt, um ein paar Besorgungen zu machen. Nur wenige Dorfbewohner hatten dem überraschenden

Zugriff der Roten Armee entkommen können. Und diese wenigen waren alle am Verhungern.

Immerhin war es Greta gelungen, einem Nachbarsjungen, den man in der Stadt beim Mundraub erwischt hatte, noch schnell ein paar verzweifelte Zeilen für ihren Bruder mitzugeben. Denn es war zu erwarten, dass man ihn im Schnellverfahren zu einer langjährigen Arbeitslagerstrafe verurteilen würde, und in diesem Fall standen die Chancen nicht schlecht, dass er entsprechend der Systematik der sowjetischen Gulags mit den übrigen Dorfbewohnern zusammentreffen würde.

In dem Tumult um die Verhaftung war es nicht aufgefallen, dass sie ihm den Zettel zusteckte. Ob ihr Bruder und ihre Mutter überhaupt noch lebten? Diese Ungewißheit machte ihr sehr zu schaffen.

Tief in Gedanken versunken, war Greta durch die dunklen leeren Gassen gelaufen. Sie war verzweifelt. Die meisten Häuser waren verlassen. Und bei den wenigen Familien die noch da waren, brauchte sie erst gar nicht zu klopfen, denn die waren in einer ähnlichen Situation wie sie. Lebensmittel waren überall knapp. Heute machte es keinen Sinn mehr weiter zu laufen. Greta fror und kehrte um. Wenigstens hatten sie genug Holz zum Heizen.

Das war es! Morgen würde sie sich einen Schubkarren ausleihen und versuchen, in der Stadt Holz zu verkaufen! Am liebsten hätte sie Marianne geweckt, um ihr diese Idee mitzuteilen. Darauf hätte sie ja auch schon früher kommen können.

Sie kehrte ins Haus zurück, legte Holz nach und kuschelte sich vorsichtig zu Marianne ins Bett, um bei ihr zu sein, falls sie sie brauchte.

In der Zwischenzeit war Gregor weiter gelaufen, bis er nicht mehr konnte. Mit allerletzter Kraft schaffte er es bis ins heimatliche Dorf. Er war nun vier Tage unterwegs, ohne auch nur einen Bissen zu essen. Um den Durst zu stillen, hatte er Schnee gegessen. Manchmal hatte er den Schnee sogar gekaut, um seinem Magen Nahrung vorzutäuschen.

Er wollte gerade an die Tür klopfen, als diese auch schon aufgerissen wurde und seine Schwester Greta in seinen Armen lag. Vor lauter Ergriffenheit und Tränen konnte keiner von ihnen reden.

Mit Erstaunen stellte Gregor fest, dass es im Haus nach Essen roch.

»Greta, ich bin kurz vorm Verhungern. Wie bist du zu Weißkohl gekommen!«

»Du wirst es nicht glauben, aber ich bin gestern erst auf den Gedanken gekommen, in der Stadt Holz zu verkaufen. Gekauft hat es leider niemand, aber ein Bauer mit einem großen Herzen hat mir für den Schubkarren Holz einen Weißkohl, eine Möhre und ein Stück Brot gegeben!«

Gierig fiel Gregor über die Suppe her. Er zwang sich langsam zu essen und keinen Tropfen zu verschütten. Als er satt war, lehnte er sich müde, aber glücklich zurück.

»Ich bin so froh, dass du da bist, Gregor! Jetzt musst du dich aber erst mal ausruhen. Ich mach dir schnell dein Bett, bin gleich wieder da!«

Als Greta jedoch wieder in die Küche kam, lag Gregor bereits schlafend auf der Sitzbank. Sie hätte sich gern noch ein wenig mit ihm unterhalten, vor allem wollte sie ihn fragen, ob er etwas von Mutter gehört hatte, ob er wusste, wo sie war und wie es ihr ging. Aber das musste jetzt alles warten. Sie konnte es noch gar nicht fassen, dass ihr großer Bruder lebte und endlich wieder da war. Während ihr immer wieder die Tränen über die bleichen Wangen liefen, holte sie ein kleines Kissen und eine warme Decke.

Sie zog ihrem Bruder behutsam die Stiefel aus, schob ihm das Kissen unter seinen Kopf und deckte ihn zu.

»Wenn er aufwacht«, dachte sie sich, »können wir uns gemeinsam um die kleine Marianne kümmern. Sie muss doch jetzt wieder auf die Beine kommen.«

Maria, Lena und Lilli freuten sich genauso sehr wie ihre Töchter, als sie in der Ferne den Treck entdeckten, den sie wegen ihres gebrochenes Rades verloren hatten. Es musste jetzt nur noch eine Querstraße kommen, damit sie den Treck auch einholen konnten.

Als der Treck dann aber die Straße nach Süden einschlug, weil ein deutscher Soldat ihn dorthin dirigiert hatte, sagte Maria erstaunt: »Also, das kann doch nicht die richtige Straße sein, die der Treck jetzt einschlägt! Nach dem Stand der Sonne liegt Westen in dieser Richtung! Wir bleiben lieber auf dieser Straße.«

Die anderen schienen ein wenig enttäuscht, aber keiner wagte es, sich Marias Worten zu widersetzen. Als sie dann im nächsten Dorf Rast machten, hörten sie von anderen Flüchtlingen eine unglaubliche Geschichte.

Partisanen hatten mehrere deutsche Soldaten, die dazu abkommandiert worden waren, den Flüchtlingen den Weg zu weisen, aus dem Hinterhalt erschossen und deren Uniformen angezogen. Als deutsche Landser verkleidet führten sie die Trecks zu ihren im Hinterhalt liegenden Kumpanen. Diese überfielen die Trecks und raubten sie aus. Schon mehrere Trecks waren diesem Trick zum Opfer gefallen, und nie hatte es auch nur einen Überlebenden gegeben.

Als Maria das hörte, liefen ihr eiskalte Schauer über den Rücken. Sollte es ihrem Treck genauso ergangen sein? Auf alle Fälle hatten sie die falsche Richtung eingeschlagen. Maria wollte es sich nicht weiter ausmalen.

Nachdem die Pferde versorgt worden waren, machten sie sich gleich wieder auf den Weg. An Essen und Trinken dachte niemand mehr.

Jetzt konnten sie sich noch nicht einmal mehr auf die Soldaten in den deutschen Uniformen verlassen, die ihnen bisher das Gefühl der Sicherheit gegeben hatten, auf dem richtigen Weg zu sein. Auch hatten sie nicht damit gerechnet, so weit im Westen noch von Partisanen bedroht zu werden. Maria wechselte fortan mit jedem Soldaten, der an der Straße stand und den Weg wies, ein paar Worte, um sofort erkennen zu können, ob es sich wirklich um einen Deutschen handelte.

Die innere Anspannung wuchs mit jedem Dorf, das sie passierten, denn überall wusste man noch grausamere Erlebnisse zu berichten. Irgendwann waren sie so müde und durchnässt, dass sie beschlossen, für eine Nacht einen Unterschlupf zu suchen. Also hielten sie an einem größeren Gasthof in der Hoffnung, dort noch einen Schlafplatz zu bekommen. Maria stieg vom Wagen und machte sich auf die Suche nach dem Wirt.

Nach zehn Minuten war sie wieder da und berichtete: »Sie sind leider schon vollkommen überfüllt, aber wenn wir wollen, können wir in der Gaststube auf dem Fußboden übernachten.«

»Bitte lasst uns das Angebot annehmen«, rief Lena, die mit ihren Nerven schon am Ende war, »bevor wir im Wald übernachten, wo es von diesen Partisanen nur so wimmelt!«

Also nahm jeder seine Habe und trug sie in die Stube. Drinnen lagen in jedem Zimmer dichtgedrängt Flüchtlinge auf dem Boden. Nachdem Maria und Lena in der eher kleinen Gaststube keinen Platz zum Schlafen mehr fanden, legten sie sich, nachdem alles zur Ruhe gegangen war, auf dem Flur vor eine breite, geschlossene Tür außerhalb des Gastzimmers.

Weil Lena vor Aufregung nicht einschlafen konnte, lag sie in dieser Nacht noch lange wach. Als sie dann endlich ein wenig einschlummerte, nahm sie ein leises Murmeln in dem Zimmer wahr, vor dessen Tür sie sich hingelegt hatten. An Einschlafen war jetzt wieder nicht zu denken, denn sie hörte immer wieder irgendwelche Geräusche, die sie daran hinderten.

Irgendwann träumte sie von ihrem Mann, der in der Küche alle ihre Messer wetzte. Sie wollte ein Tuch holen, um die Messer anschließend abzuwischen, konnte aber weder ihre Arme noch ihre Beine bewegen. Plötzlich war sie hellwach. Denn das Geräusch, das beim Wetzen von Messern entsteht, war echt. Es kam aus dem Zimmer. Und jetzt hörte sie auch sehr viel mehr Stimmen, als nur die der Wirtsleute.

Schnell weckte sie Maria und sagte ihr leise, was sie gehört hatte. Maria lauschte kurz an der Tür. Auch sie hörte mehrere leise Stimmen und das Wetzen eines Messers. Sie nahm leise ihre Sachen und ging hinaus, um die Pferde anzuspannen.

Lena weckte unterdessen die anderen und befahl

ihnen, langsam und leise, einer nach dem anderen, das Wirtshaus zu verlassen.

So schnell hatte Maria in ihrem ganzen Leben noch nicht angespannt. Sobald alles auf dem Wagen saß, fuhren sie davon, so schnell es ging. So fuhren sie die ganze Nacht, bis sie im Morgengrauen die Lichter einer kleinen Stadt vor sich sahen. Erst dann erlaubten sie den Pferden, etwas langsamer zu laufen.

In der Stadt legten sie eine kurze Pause ein, versorgten die Pferde und fuhren gleich wieder weiter. Sie wollten so schnell wie möglich nach Döllensradung.

In Döllensradung herrschte reges Treiben.

Die Straßen waren überfüllt von Flüchtlingen, die eine Schlafstätte für eine Nacht suchten oder gebrauchte Waren gegen Proviant für die Weiterreise tauschen wollten. Überall standen Bauern an ihren Ständen, die ihre Waren lautstark und wild gestikulierend anboten. Hier und da sah man ein weinendes Kind, das im Getümmel die Mutter verloren hatte.

Durch all dieses Gedränge zwängten sich Maria, Lena und Lilli mit ihren Töchtern.

»Erich werden wir hier niemals finden«, sagte Elisabeth enttäuscht.

»Falls er es mit seinem Treck überhaupt bis hierher geschafft hat!«, erwiderte Anna, was ihr sofort einen strengen Blick ihrer Mutter einbrachte. »Wir werden ihn schon finden«, sagte Maria, »und wenn nicht, werden wir es auch alleine schaffen, oder wir schließen uns einem anderen Treck nach Ostpreußen an.«

Sie haben Erich nie wiedergesehen. Wie sie später erfuhren, gehörte sein Treck zu denen, die von den Partisanen überfallen worden waren. Die Partisanen waren in deutlicher Übermacht gewesen. Denn Erich hatte zumeist Frauen und Kinder in seinem Treck gehabt. Die wenigen alten Männer waren unbewaffnet gewesen und hatten nicht viel ausrichten können. Vor allem hatte niemand mit einem Überfall gerechnet. Erich selbst hatte sich tapfer geschlagen. Er hatte zehn Partisanen getötet, bevor ihn die tödliche Kugel in den Kopf traf.

Maria, Lena und Lilli fuhren mit ihren Töchtern weiter durch die Straßen von Döllensradung. Als sie um eine Ecke bogen, stießen sie auf einen kleinen Jungen, der so laut weinte, dass Maria einfach nicht an ihm vorbeifahren konnte.

»Was fehlt dir denn, mein Kind?« fragte sie ihn, während sie ihm mit einem nicht mehr ganz sauberen Tuch die Tränen abwischte.

Der kleine Junge schluchzte so stark, dass er kein Wort herausbrachte. Es dauerte eine Weile, bis er, immer noch von Schluchzern unterbrochen, seinen Namen sagen konnte.

»I … I … Ich hei … ße Marven, und ich kann meine Mama nicht mehr sehen.« Tröstend legte Maria einen Arm um seine Schultern und sagte zu ihm: »Wir werden sie gemeinsam suchen, dann werden wir sie schon wieder finden. Wo hast du sie denn verloren, oder wo hast du sie zum letzten Mal gesehen?«

Marven steckte den Zeigefinger in den Mund und sah sich um. »Ich weiß es nicht«, sagte er nach einer Weile. Dabei verzog er sein Gesicht so verzweifelt, als ob er jeden Augenblick wieder anfangen würde zu weinen.

»Pass auf, Marven«, sagte Maria schnell. »Wir gehen jetzt einfach in diese Richtung, und du schaust, ob du irgend jemanden oder irgend etwas entdeckst, das dir bekannt vorkommt.«

Nachdem Marven zustimmend genickt hatte, zogen Maria, Elisabeth und Marven los. Die anderen suchten sich einen Platz, an dem sie mit dem Karren stehenbleiben und warten konnten.

»Also, das war vermutlich die falsche Richtung«, sagte Elisabeth müde, nachdem sie sich erfolglos eine Stunde lang durch das Gewühl von Menschen und Pferden gekämpft hatten.

»Jetzt versuchen wir es noch einmal in der anderen Richtung«, sagte Maria tapfer und drückte ermunternd die Hand des Kindes.

Sie wollte gar nicht daran denken, dass sie sich anschließend noch auf die Suche nach einem Dach über dem Kopf machen mussten. Sie spürte jeden Knochen, und die Augen fielen ihr zu vor Müdigkeit. Aber sie wollte den Jungen nicht alleine lassen. Er konnte nicht älter als acht Jahre alt sein. Als sie auch in der anderen Richtung keinen Anhaltspunkt fanden, setzten sie sich auf einen Mauervorsprung am Straßenrand.

Als sie so da saßen und vor Müdigkeit keiner auch nur einen Ton herausbrachte, sagte Marven plötzlich: »Ich habe doch nur noch ein wenig dem Clown zusehen wollen. Er war so lustig!«

Maria war sofort hellwach. »Welchem Clown wolltest du zusehen?« rief sie.

»Er stand vor dem bunten Zelt, aber ich weiß nicht mehr, wo das war.«

Maria stand sofort auf und fragte eine Gruppe von

deutschen Soldaten. »Kann mir einer von euch sagen, wo es hier ein buntes Zelt gibt, vor dem ein Clown auftritt?«

Die Soldaten sahen sie an, als ob sie eine fremde Sprache gesprochen hätte. Dann zuckten sie mit den Schultern, und ein Soldat sagte: »Nein, gute Frau, einen Clown haben wir hier noch nicht gesehen.«

Die anderen Soldaten konnten sich ein Lachen kaum verkneifen. Maria wollte sich gerade enttäuscht abwenden, als einer der jüngeren Soldaten, sie zurückhielt.

»Ich glaube, ich habe einen Clown dort hinten in der Querstraße gesehen«, sagte er schüchtern und wies mit dem Finger in die Richtung, die er meinte.

»Danke, mein Junge!« sagte Maria und holte Elisabeth und Marven.

Der junge Soldat errötete unter dem gemeinen Gelächter seiner Kameraden. Maria, Elisabeth und Marven kämpften sich weiter durch die Menge. Denn immer mehr Trecks kamen in Döllensradung an.

»Marven, wo hast du die ganze Zeit gesteckt! Deine Mutter ist vor Angst um dich schon fast wahnsinnig geworden. Du kannst doch nicht einfach so davonlaufen!«, schrie plötzlich ein Mann aus der Menge. Marven geriet augenblicklich wieder aus der Fassung und fing an zu weinen.

»Er ist nicht davongelaufen, mein Herr!« erwiderte Maria, »er hatte nur kurz einem Clown zusehen wollen und ist stehengeblieben. So hat er scheinbar seine Mutter verloren.«

»Entschuldigen sie bitte, ich bin sein Onkel Franz, und wir haben schon die ganze Gegend abgesucht. Eva wollte mich mit Marven besuchen und hat ihn hier kurz vor dem Ziel verloren. Sie hat sich auf die Suche nach meinem Haus konzentriert, weil sie schon länger nicht mehr hier war. Als sie sich umdrehte, konnte sie Marven im Menschengewühl nicht mehr finden. Es ist hier aber auch was los heute!« Verärgert schaute »Onkel Franz« sich um.

Er nahm die Hand des Jungen und sagte: »Ich danke Ihnen vielmals, dass sie sich um meinen Neffen gekümmert haben. Wenn ich etwas für sie tun kann, so lassen Sie es mich wissen. Oder, noch besser, Sie beide müssen mit uns zu Mittag essen. In den umliegenden Gasthäusern werden sie heute sowieso keinen Platz mehr bekommen.«

»Vielen Dank, aber ...«, begann Maria zögernd, aber der Mann unterbrach sie sofort. »Sie beide schauen wirklich so aus, als könnten Sie etwas zu essen und einen Platz zum Ausruhen gebrauchen. Also keine Widerrede!«

Er nahm Marias Ellenbogen und schob sie zielstrebig durch die Menschenmenge auf ein kleines graues Haus zu, das ein wenig abseits stand.

Als Maria die Sprache wiedergefunden hatte, erklärte sie ihm, dass ihre Mitreisenden auf sie und Elisabeth warteten.

»Dann holen Sie sie her! Ich habe Ihnen viel zu verdanken, und ich denke, es ist genug für alle da. Eure Pferde könnt ihr bei mir auch bestens versorgen.«

Deutschland, Braunschweig Juni 1943

Katharina war ganz krank vor Sorge um ihre Familie. Sie stand am Fenster und beobachtete, wie der Nebel von den Sonnenstrahlen langsam vertrieben wurde. Es würde heute ein warmer Tag werden.

Sie musste wieder einmal sehen, wie sie ihre traurigen Gedanken vor Hildegard verstecken konnte. Hildegard war wirklich immer lieb zu ihr, das musste sie ihr schon zugestehen, aber sie konnte auch sehr böse werden, wenn ihr jemand die gute Laune verdarb. Und eine traurige Katharina, die sich nicht aufmuntern ließ, war nun mal ein Problem und kein Vergnügen. Bei aller Freundschaft durfte sie nicht vergessen, dass sie eben doch nur eine Hausangestellte war.

Unwillig schüttelte sie ihre dunklen Gedanken ab und wandte sich vom Fenster weg.

»Wie undankbar ich doch manchmal bin!«, sagte sie zu sich selbst und schickte sich an, zum Frühstücken in die unteren Räume zu gehen.

Gustav Wagner saß bereits im Esszimmer bei der Morgenzeitung. »Guten Morgen, Katharina. Heute schon so früh auf den Beinen?«

Katharina lachte. Normalerweise kam sie tatsächlich sehr viel später zum Frühstücken, weil sie sich immer bis spät in die Nacht hinein mit Hildegard unterhielt.

»Ja, irgendwie konnte ich heute nicht so gut schlafen«, antwortete sie mit gespielter Heiterkeit.

Aber Gustav Wagner konnte sie nichts vormachen. Er erkannte sofort die Traurigkeit in ihren Augen, konnte ihr aber auch nur wenig Trost bieten.

»Die Rote Armee scheint sich von ihren Rückschlägen erholt zu haben. Die Wehrmacht zieht sich immer weiter zurück. Dieser Krieg ist doch der reine Wahnsinn!«

Mitleidig sah er Katharina an. Er selbst machte mit dem Krieg gute Geschäfte, aber Katharinas Familie, die sich wohl mitten in dem allgemeinen Schlamassel befinden musste, tat ihm schon sehr leid.

»Ich versuche gerade Erkundigungen einzuziehen, wo sich deine Familie aufhält. Es ist nur leider nicht so einfach, sie zu finden.«

Katharina schossen die Tränen in die Augen. Um Fassung ringend, stammelte sie ein leises »Danke«. Das Frühstück nahmen sie dann schweigend zu sich.

Nach dem Frühstück ging Katharina hinaus in den Garten. Die kühle Morgenluft tat ihr gut. Sie konzentrierte sich auf den wunderschön angelegten Garten, der mit ausschließlich weiß blühenden Blumen und Sträuchern bepflanzt war. Hier und da standen Skulpturen aus weißem Marmor und schmiedeeiserne, sanft geschwungene Bänke, die zum Ausruhen einluden. In diesem Paradies fiel es schwer, sich vorzustellen, dass nur wenige hundert Kilometer Frauen und Kinder im Bombenhagel starben, während die Männer an der Front einen aussichtslosen Kampf gegen eine vielfache Übermacht kämpften.

Dieser Garten, eigentlich ein Park, war die Domäne von Josef. Die Familie Wagner hatte den jungen Mann, der nach einer schweren Verwundung im Kessel von Stalingrad unter Depressionen litt, als Gärtner eingestellt. Dankbar pflegte er den Garten so gewissenhaft, dass er in voller Pracht erblühte.

Der Garten war der Ort, an dem sich Katharina die Kraft für den Alltag holte. Sie hatte sich gerade auf ihre Lieblingsbank gesetzt, als Hildegard ganz aufgelöst mit geröteten Wangen angestürmt kam.

»Stell dir vor, Christiane hat mir soeben mitgeteilt, dass mein Arnold an die Front muss! Ich hatte so gehofft, dass der Krieg vorbei ist, bevor sie auf den Gedanken kommen, meinen Arnold an die Front zu schicken!«

Hildegard brach in Tränen aus.

»Was soll ich jetzt nur tun. Ich muss ihm auf jeden Fall noch sagen, dass ich auf ihn warte, auch wenn ich alt und grau dabei werde!«

Katharina konnte sich ein kleines Lächeln nicht verkneifen. Vermutlich wusste Arnold noch gar nichts von seinem Glück. Sie nahm Hildegard in die Arme und wiegte sie beruhigend hin und her.

»Dann müssen wir uns überlegen, wie du mit ihm Kontakt aufnehmen kannst, ohne dass es alle mitbekommen!«

Sofort richtete sich Hildegard auf. »Ach Katharina, würdest du mir dabei helfen?«

Hildegards Augen glitzerten vor Aufregung. Sie hatte schon einen Plan.

In Döllensradung half Franz Maria, die Pferde zu versorgen.

Dankbar setzte sich Maria an den festlich gedeckten Tisch. Sie hatte das beste Kleid angezogen, das ihr geblieben war, und sah darin trotz ihres verhärmten Gesichtes wirklich hübsch aus. »Es ist schon lange her, dass wir an einer so wunderschön gedeckten Tafel mit so vielen Köstlichkeiten gesessen haben. Vielen Dank für die großzügige Gastfreundschaft. Ich weiß wirklich nicht, was wir ohne euch gemacht hätten«, sagte Maria voller Dankbarkeit.

Eva, Marvens Mutter, nahm ihre Hand, drückte sie fest und sagte: »Ich stehe tief in eurer Schuld. Als Marven plötzlich weg war, bin ich vor lauter Angst fast wahnsinnig geworden. Er kennt sich in Döllensradung überhaupt nicht aus, und im Moment sind hier so viele fremde Menschen, dass mir Angst und Bange um ihn wurde.«

»Ich frage mich, in welchen Betten diese vielen Menschen heute schlafen wollen!«, warf Franz ein. »In ganz Döllensradung gibt es höchstens vier Gasthäuser.«

»Die Flüchtlinge brauchen gar kein Bett«, entgegnete Maria. »Sie sind schon froh, wenn sie einen halbwegs trockenen Ort und ein wenig Platz am Boden haben! Wir haben während unserer Flucht so viele grauenvolle Dinge gehört und gesehen, dass wir froh sind, wenn wir ein paar Stunden einfach nur schlafen dürfen.«

Dabei wirkte sie so müde, dass Eva gleich sagte: »Lasst uns jetzt essen, und anschließend ruht ihr euch aus, so lange ihr wollt! Bei uns passiert euch ganz sicher nichts!«

Maria lächelte glücklich. »Das wissen wir doch, und wir danken Gott, dass er uns ausgerechnet zu euch geführt hat.«

Jetzt, wo die Anspannung von ihr abfiel, wurde sie so müde, dass sie während des Essens fast eingeschlafen wäre. Sie versuchte zwar dem angeregten Gespräch zu folgen, aber irgendwann ließ sie den Löffel sinken und flüsterte: »Es tut mir wirklich leid, aber ich habe schon seit Tagen nicht mehr ausruhen geschweige denn schlafen können, so dass ich bald vom Stuhl falle. Ich kann vor Müdigkeit nichts mehr essen, auch wenn es wirklich sehr gut schmeckt!«

Sie war kreidebleich und ihre Augen, die vor wenigen Augenblicken noch vor Leben gesprüht hatten, wirkten dunkel und eingefallen.

»Entschuldige Maria, natürlich bist du müde. Auf dir lastet ja die gesamte Verantwortung. Du Ärmste! Ich zeige dir dein Zimmer. Schlaf bitte, so lange du willst. Du kannst sicher sein, dass wir in der Zwischenzeit auf euch alle aufpassen.«

Als sie Maria die für sie gedachte Räumlichkeit zeigte, hatte diese das Gefühl, dass es kein schöneres Zimmer und kein weicheres Bett auf der ganzen Welt geben könne.

Maria schlief zwanzig Stunden am Stück. Alle waren darauf bedacht, keinen Lärm zu machen, damit sie sich ausschlafen konnte.

Als sie dann am späten Nachmittag des nächsten Tages erwachte, fühlte sie sich wie neu geboren. Mit neuem Schwung kam sie ins Esszimmer, wo sich alle anderen zu diesem Zeitpunkt aufhielten.

»Ich habe wohl etwas zu lange geschlafen!« entschuldigend lächelte sie in die Runde.

»Keineswegs Maria, mittlerweile haben wir erfahren, was ihr Armen in unserem Land erlebt habt. Ich bin selbst Pole, ich fühle mich als Pole und habe unter der deutschen Besatzung gelitten. Aber wir schämen uns wirklich für die vielen Verbrechen, die unsere Landsleute jetzt, da die Deutschen am Ende sind, an Unschuldigen begehen«, entrüstete sich Franz.

»Nein, lass nur, Franz. In Kriegszeiten muss jeder schauen, wo er bleibt. Letztendlich werden in jedem Land und bei jedem Volk Verbrechen begangen. Im Krieg ist alles möglich, und ihr, die ihr uns so lieb in euer Haus aufgenommen habt, braucht euch wahrlich nicht zu entschuldigen. Es hat so gut getan, sich einmal wieder so richtig ausschlafen und satt essen zu können. Etwas Besseres hätte uns nun wirklich nicht passieren können! Ich sag einfach nur Danke!«

Maria sah Franz dankbar an.

Verlegen sagte Franz: »Nun musst du aber auch endlich etwas essen! Heute Nacht bleibt ihr auf jeden Fall noch einmal hier.«

Maria war sprachlos. »Nein, das Angebot können wir auf keinen Fall annehmen. Wir waren jetzt schon länger als ausgemacht eure Gäste. Und ... bezahlen können wir leider auch kaum etwas, da unsere eisernen Reserven fast aufgebraucht sind.«

Franz schien nun ernsthaft wütend zu werden. »Keine Widerrede! Ihr bleibt heute Nacht hier. Ich lasse euch ganz sicher nicht alleine in der Nacht abreisen. Du hast Marven gestern auch nicht seinem Schicksal überlassen, obwohl du zum Umfallen müde warst. Heute darfst du etwas von uns annehmen, und zwar unsere Gastfreundschaft, die von Herzen kommt!«

Eva legte ihm beruhigend die Hand auf die Schulter und sagte mit ruhiger, aber bestimmter Stimme: »Er hat Recht Maria. Ruht euch diese Nacht noch einmal gründlich aus. Wer weiß, wann ihr wieder einmal zum Schlafen kommt!«

Maria war überwältigt. Sie nahm das Angebot an, ohne sich weiter zu sträuben.

Am nächsten Morgen brachen sie dann ausgeruht und mit reichlich Proviant versehen wieder auf. Dankbar umarmten sie sich alle zum Abschied.

»Solltet ihr, aus welchem Grund auch immer, wieder einmal hier in der Gegend sein, dann schaut bitte bei mir vorbei!«, rief Franz dem davon rollenden Karren hinterher.

Maria griff voller Elan und neuem Lebensmut fest in die Zügel, und dachte so für sich: »Ich will nach Preußen, und keine Macht der Erde wird mich so schnell wieder in Richtung Osten bringen!« Aber dennoch war sie für das Angebot dieses Polen dankbar, der sich in einer unmenschlichen Zeit seine tiefe Menschlichkeit bewahrt hatte.

Vier Tage und vier Nächte fuhren sie durch, ohne lange zu halten, bis sie in Küstrin an der Oder ankamen. Vor der Brücke hielten sie ein wenig abseits der Straße und des Trubels, um die restlos erschöpften Pferde mit Futter und Wasser zu versorgen.

»Habt ihr immer noch nicht genug von den Russen?«, schrie sie plötzlich ein deutscher Soldat an, der sich unbemerkt ihrem Karren genähert hatte. »Die Rote Armee ist schon so nahe, dass wir schnellstmöglich diese Brücke sprengen müssen. Ihr kommt in zehn Minuten nicht mehr über die Oder!«

Der deutsche Soldat verschwand genauso schnell, wie er aufgetaucht war.

Als sie sich umsahen, bemerkten sie erst die Hektik um sie herum, die sie vorher nur als normalen Flüchtlingsstrom wahrgenommen hatten. Schnell saßen sie auf und fuhren über die Brücke. Zuletzt wurden die Flüchtlinge dichtgedrängt zum deutschen Ufer gescheucht.

Als die deutsche Nachhut die Oder überquert hatte, krachten tatsächlich die Sprengladungen, und Teile der Brücke versanken im Wasser des Oderstroms.

Viele, die nicht rechtzeitig zur Brücke gekommen waren, versuchten verzweifelt mit ihren Pferden über die Oder zu schwimmen. Sie sahen jedoch niemanden ankommen. Der Schock saß allen in den Gliedern und machte sie bewegungsunfähig.

Maria ergriff als Erste das Wort: »Kinder, wir sind in Ostpreußen!«

Als die Starre langsam von ihnen wich, fingen sie an zu weinen. Elisabeth und Anna lagen sich in den Armen. Maria kam hinzu und sie drückten und küssten sich unter Tränen.

»Wir sind endlich in Deutschland, ich fasse es nicht!«, flüsterte Elisabeth ergriffen.

»Wir sind in Sicherheit!« bestätigte Anna.

»Jetzt müssen wir nur noch ein Zuhause finden, aber das kann ja nicht so schwer sein!« beschloss Maria, die ihrer Gefühle wieder Herr wurde.

Lena und Lilli wollten sich mit ihren Töchtern Marita und Irina anderen Leuten anschließen, die in Richtung Süden zogen. Maria, Elisabeth und Anna hatten vor, in Richtung Braunschweig weiterzureisen. Dort wussten sie Katarina, und die wollten sie unbedingt wiedersehen.

In dem Moment, in dem sie aufbrechen wollten, kam ein junger deutscher Soldat auf sie zu und winkte mit einem weißen Blatt Papier.

»So, herzlich willkommen in Deutschland! Schön, dass ihr es bis hierher geschafft habt!«, rief er und reichte Maria, Elisabeth und Anna die Hand zum Gruß.

»Jetzt brauche ich eure Namen, damit ich euch zur Weiterreise in eine Stadt einteilen kann. Außerdem bekommt ihr Essensmarken für die Reise, damit ihr nicht verhungert, bis ihr dort ankommt.«

Maria fragte erstaunt: »Ja, können wir denn nicht frei wählen, wohin wir fahren wollen?«

Der Soldat schüttelte den Kopf. »Nein, liebe Frau, das geht leider nicht. Ich habe Befehl, die Flüchtlinge auf bestimmte Städte zu verteilen.«

Als er den traurigen und verwirrten Blick der drei Frauen sah, lenkte er ein: »Wohin wolltet ihr denn?«

»Nach Braunschweig«, antworteten die drei wie aus einem Munde. Der Soldat ging Stirn runzelnd seine Liste durch.

»Leider ist Braunschweig nicht auf meiner Liste. Aaaaber ... ihr könntet nach Pritzwalk, das ist gar nicht so weit weg von Braunschweig!«

Erleichtert sagte Maria: »Ja, gut. Dann gehen wir nach Pritzwalk!«

»Wenn ihr wollt, könnt ihr mit dem Zug dorthin gebracht werden. Es wäre vielleicht bequemer als mit diesem Karren.«

Der junge Soldat kramte aus einer abgewetzten Tasche drei Berechtigungsscheine für die Stadt Pritzwalk und drei Fahrkarten für die Zugfahrt. Des weiteren reichte er den Frauen Essensmarken, die sie gleich im Ort eintauschen sollten.

»Und wer kümmert sich um unsere Pferde und den Karren?«, fragte Maria erstaunt.

»Die könnt ihr beim Schmied abgeben. Der ist gleich in der Nähe vom Bahnhof.« Der junge Mann deutete mit der rechten Hand in eine Richtung. »Wenn ihr

Glück habt, bekommt ihr noch etwas dafür.« Doch sein Blick auf den Karren ließ erkennen, dass er den Wert des Gespanns nicht sehr hoch einschätzte.

Doch so schnell ließen sich Maria, Elisabeth und Anna nicht entmutigen. Sie hatten ihren Karren bereits gewendet, um in die vom Soldaten gewiesene Richtung zu fahren, als er ihnen nachgelaufen kam.

»Hallo, beinahe hätte ich es vergessen: Ihr müsst euch noch in diesem Buch eintragen. Es dient zur Familienzusammenführung. Falls euch jemand sucht, kann er euch anhand dieser Flüchtlingsbücher finden.«

Maria machte sich ohne zögern dran, sich selbst und ihre Kinder in dem Buch einzutragen. »Ich weiß nicht, ob es so klug ist, sich irgendwo einzutragen«, murmelte sie dabei. »Aber vielleicht finden uns David, Johann und Peter leichter, wenn dieser furchtbare Krieg endlich zu Ende ist.«

Sie fanden ohne weiteres den Schmied, und der war sogar bereit, für ihre Pferde einen Preis zu bezahlen, der Maria angemessen erschien. Den Karren könne man nur noch verheizen, meinte er achselzuckend. Auch wenn es ihr in der Seele weh tat, stimmte Maria dem zu.

Mit ihren wenigen Habseligkeiten liefen sie eilends zum Bahnhof. Niemand konnte wissen, wie lange es noch ruhig bleiben würde. Und ob noch Flüchtlingszüge nach Westen fahren würden, wenn die Stadt erst in Reichweite der russischen Geschütze lag, stand in den Sternen. Sie mussten aufpassen, dass sie in dem Gedränge nicht getrennt wurden. Als sie dann endlich im Zug in Richtung Pritzwalk saßen, atmeten sie auf.

Die Angst saß ihnen jedoch weiterhin im Nacken: Wie sollte es jetzt mit ihnen weitergehen? Wo sollten sie unterkommen? Würden sie Arbeit finden, eine Bleibe? Und was war mit Katharina? Wie sollten sie Kontakt zu Katharina aufnehmen können?

Unwillkürlich straffte Elisabeth die Schultern. Wenn sie es bis nach Ostpreußen geschafft hatten, dann würde es ihnen auch gelingen, sich eine neue Existenz aufzubauen.

An diesem Abend verabschiedete sich Hildegard sehr bald nach dem Abendessen von ihren Eltern, indem sie Kopfschmerzen vortäuschte. »Du wirst uns doch jetzt hoffentlich nicht krank werden, mein Mädchen! Sollen wir zur Sicherheit Dr. Herbig rufen?«, fragte ihre Mutter besorgt.

»Aber nein, Mamachen. Es ist alles in Ordnung. Ich möchte heute nur früh zu Bett gehen, damit ich morgen wieder frisch und munter bin. Aber Katharina, du könntest mich in mein Zimmer begleiten und mir noch etwas vorlesen, bevor ich einschlafe.«

Katharina errötete und erhob sich sofort von ihrem Stuhl. »Natürlich komme ich mit dir«, sagte sie.

Als die beiden Mädchen gegangen waren, wandte sich Hermine Wagner nachdenklich ihrem Mann zu: »Ich bin so froh, dass Hildegard Katharina zu ihrer Gesellschaft hat. Es ist doch viel schöner, alles mit einer Freundin zu teilen, als immer allein zu sein oder in Gesellschaft der Eltern.«

Sie seufzte, als sie an ihre eigene Kindheit dachte. Sie war das einzige Kind ihrer Eltern gewesen, und ihre Mutter war in vorgerücktem Alter mit ihr schwanger geworden – zu einem Zeitpunkt, als eigentlich niemand mehr damit rechnete, dass sich noch Nachwuchs einstellen würde. Hermines Eltern hatten völlig zurückgezogen auf ihrem Landgut gelebt. Für die Wünsche oder Träume ihrer heranwachsenden Tochter hatten sie kein Verständnis aufgebracht. Dass sie ihren Gustav kennengelernt hatte, war ein kleines Wunder gewesen. Hermine lächelte, als sie an den Kostümball bei ihrer Tante

Elfriede in Berlin dachte. Elfriede war die ältere Schwester ihrer Mutter gewesen, und Hermines Eltern waren über deren Einladung nach Berlin wenig erfreut gewesen und hatten sofort abgelehnt. Als Tante Elfriede jedoch vorgeschlagen hatte, zumindest ihre Nichte für die Wintersaison mitzunehmen und bei dieser Gelegenheit in die Gesellschaft einzuführen, konnten sie kaum ablehnen. Schließlich musste Hermine ja jenen gesellschaftlichen Schliff erhalten, der einer höheren Tochter geziemte. Außerdem hatte Hermine ihre Chance sofort genutzt und begeistert zugesagt, ohne auf das Votum ihrer Eltern zu warten.

Hermine hatte ihre Eltern wirklich von ganzem Herzen geliebt, sich aber auch nach der Gesellschaft junger Menschen gesehnt. Vor allem aber hatte sie der strengen Gouvernante entfliehen wollen, die sie, die Siebzehnjährige, immer noch wie ein zehnjähriges Mädchen behandelt hatte. Auch aus dem Unterricht der alternden Frau hatte sie keinen Gewinn mehr ziehen können. Denn Hermine hatte viele Stunden ihrer einsamen Kindheit in der reichhaltigen Bibliothek ihres Vaters zugebracht. So war es ihr oft schwergefallen, in den endlosen, langweiligen Unterrichtsstunden den Mund zu halten und ihre Gouvernante nicht zu verbessern, obwohl sie sich sicher war, dass sie es besser wusste. Sie wollte weder sie, noch ihre Eltern verletzen, aber in der unerwarteten Einladung der Tante erkannte sie ihre Chance auf ein bisschen mehr Freiheit, und sie nutzte diese sehr geschickt.

Tante Elfriede ließ sie in Berlin erst einmal nach der aktuellen Mode neu einkleiden. Man trug in diesen Jahren schweren Samt mit wunderschönen Bändern zum

Verzieren und Taft in den schillerndsten Farben – Dinge, über die ihre Eltern voller Abscheu den Kopf geschüttelt hätten. Nur die ersehnte modische Bubikopffrisur wollte auch die Tante nicht zugestehen.

Hermine hatte sich wie im siebten Himmel gefühlt. Und bildhübsch, wie sie war, wurde sie von den jungen Männern der Berliner Gesellschaft umschwärmt. Aber ihr Herz gehörte von der ersten Begegnung an nur dem charmanten Gustav Wagner, und als er eines Tages um ihre Hand anhielt, sagte sie ohne zu zögern ja.

Jetzt drückte sie abwesend seine Hand. In fast zwanzig Ehejahren hatte sie ihre Entscheidung nie bereut.

Ihr Mann unterbrach ihre Gedanken, als er sagte: »Ich hoffe, dass wir Katharina bald einmal eine gute Nachricht überbringen können, was den Aufenthalt ihrer Familie betrifft. Das arme Mädchen grämt sich so.«

Hermine nickte zustimmend.

Katharina hatte in dieser Stunde allerdings gar keine Zeit, sich sonderlich zu grämen. Kichernd und tuschelnd zogen sich die beiden Mädchen in Hildegards Zimmer Hosen unter ihre Kleider und bequemes Schuhwerk an.

»Wer von uns beiden steigt zuerst aus dem Fenster?«, fragte Katharina noch immer zögernd.

»Na, ich natürlich! He, Käthe, du wirst mich ja wohl jetzt nicht im Stich lassen!«

»Nein, ich überlege nur, ob es nicht einen besseren Weg gäbe, Arnold deine Nachricht zu überbringen.«

Was Katharina an dem ganzen Plan am meisten störte, war, dass sie das Vertrauen von Hildegards Eltern missbrauchte. Doch obwohl sie kein gutes Gefühl dabei hatte, siegte doch die Lust auf ein kleines Abenteuer.

Hildegard und Katharina hangelten sich an einem nah am Haus stehenden Baum hinunter. Als Katharina dabei auf einen dürren Ast stieg, knackste dieser so laut in der nächtlichen Stille, dass sie meinten, es müsste jeder im Haus gehört haben. Sie verharrten einen Augenblick ganz ruhig im Baum, doch als sich im Haus nichts regte, stiegen sie so schnell wie möglich ab.

Geduckt rannten sie unter den von der tiefstehenden Sonne erleuchteten Fenstern vorbei, quer durch den Garten zum hinteren Tor. Dort stiegen sie auf bereitstehende Fahrräder, die der Chauffeur auf Hildegards Anweisung hin dort abgestellt hatte. Christoph, der Chauffeur der Familie Wagner, war wie der Gärtner schwer kriegsversehrt und ebenso leidenschaftlich wie hoffnungslos in Hildegard verliebt. Und diese nützte die Ergebenheit des jungen Mannes aus für mancherlei Dienste, von denen ihre Eltern nichts wissen durften. Ansonsten gab es für ihn nicht mehr viel zu tun im Hause Wagner. Denn sowohl die Maybach-Limousine des Hausherrn als auch das Wanderer-Cabriolet waren von der Wehrmacht requiriert worden, so dass Gustav Wagner nur noch ein Firmen-Dienstwagen zur Verfügung stand – und seiner Familie ein halbes Dutzend Fahrräder.

Als sie vor dem Kasino hielten, in dem Arnold nun als angehender Offizier auch Zutritt hatte, zögerte Hildegard.

»Meinst du, ich sollte es wirklich tun?«, fragte sie ängstlich.

»Natürlich ziehst du das jetzt durch! Du hast die

Sache angefangen, und wie ich dich kenne, würdest Du es dir niemals verzeihen, wenn dich jetzt der Mut verließe!«

Lachend gab Katharina Hildegard einen leichten Schubs. »Los jetzt! Du schaffst es schon!«

»Also gut, wenn wir jetzt schon einmal hier sind.« Umständlich stiegen sie von den Fahrrädern. Katharina hatte ihre Freundin noch nie so unsicher gesehen.

»Arnold scheint es ihr wirklich angetan zu haben«, dachte sie sich.

Hildegard trat nervös von einem Fuß auf den anderen. Sie hatte eine Ordonnanz gebeten nachzusehen, ob Arnold da sei, und ihn gegebenenfalls unter einem Vorwand hinaus zu bitten.

Als Arnold aus dem Kasino kam, blieb er wie angewurzelt stehen, als er Hildegard sah.

»Hildegard!«, rief er erstaunt, »was machst du denn hier um diese Uhrzeit!« Er trat einen Schritt auf sie zu. »Ja, du zitterst ja am ganzen Körper! Was ist denn passiert?«

Fragend nahm er ihre Hände in die seinen. Durch diese Geste ermutigt, stammelte die sonst so selbstbewusste Hildegard: »Christiane hat mir erzählt, dass du … einberufen worden bist, und da …!«

Arnold verstand und nahm sie behutsam in die Arme. Eng umschlungen standen sie eine Zeit lang einfach nur so da.

Als Arnold seine Sprache wieder fand, hielt er sie auf Armeslänge von sich gestreckt und sagte lachend: »Hildegard, Hildegard, aus dir soll einer schlau werden! Du brichst reihenweise die Männerherzen, so dass ich es nie gewagt hätte, dir den Hof zu machen, und nun stehst du da und gehörst zu mir – da hat die Einberufung, über die ich mich erst so geärgert habe, für mich jetzt tatsächlich einen Sinn bekommen!«

Er nahm sie nochmals in die Arme.

»Ich wünsche dir alles Glück dieser Erde und bete, dass dir nichts passiert«, flüsterte sie, ganz eng an seine Brust gedrückt.

»Und ich werde mich gar nicht auf den Feind konzentrieren können, weil ich immerzu an dich denken werde!«

Arnold strahlte sie an. Er konnte sein Glück kaum fassen.

Hildegard löste ihr Halstuch und gab es ihm.

»Nimm es mit, wenn du an die Front musst. Es soll dir Glück bringen.« Ein letztes Mal umarmten sie sich. Dann gab er ihr einen scheuen Abschiedskuss.

Auf dem Heimweg sagte Hildegard kein einziges Wort. Das hatte Katharina noch nie erlebt.

Der Chauffeur stand schon da, um ihnen die Räder abzunehmen. Er sah sehr betrübt aus

»Die gnädige Frau erwartet sie schon, Fräulein Hildegard«, sagte er unterwürfig und deutete eine Verbeugung an.

»O nein, wie konnte denn das passieren!«, rief Hildegard erschrocken.

Katharina erblasste. Doch der Chauffeur zuckte nur mit den Schultern.

Als sie die Auffahrt hinaufliefen, öffnete Hermine Wagner bereits die Tür.

Pritzwalk, Sommer 1944

Elisabeth öffnete an jedem Bahnhof das Fenster und lehnte sich weit heraus, um möglichst viel zu sehen. Sie wollte ihrer Mutter und ihrer Schwester nicht zeigen, wie aufgeregt sie war und wie sehr sie sich vor der neuen Stadt und dem neuen Leben fürchtete. Innerlich zitterte sie so stark, dass sie kaum auf ihrem Platz sitzen bleiben konnte. Elisabeth versuchte nur die schönen Dinge um sich herum wahrzunehmen. Sie freute sich über die Wiesen in dem satten Grün und über die idyllisch gelegenen Häuser. Sie atmete tief ein. Es war hier alles so anders als in der Ukraine. Sie hatte aber das Gefühl, endlich ihre Heimat gefunden zu haben. Deutschland war in ihren Gedanken gleichbedeutend mit dem Paradies. Das Böse, das waren für sie Stalin und die Russen. Dass auch in Deutschland ein verbrecherischer Diktator herrschte, war ihr kaum bewusst, und vom Elend der von Bomben verwüsteten deutschen Städte hatte sie noch nichts mitbekommen. Auch wenn sie vielleicht ein klein wenig Angst vor der neuen Heimat empfand, änderte das nichts an dem Gefühl, endlich eine unglaubliche Freiheit und Sicherheit erlangt zu haben.

Maria ließ sich inzwischen von der Gleichmäßigkeit der ratternden Geräusche und der schaukelnden Bewegung einlullen. Aber immer wieder schrak sie aus dem Schlaf, um sich dann beruhigt wieder ins Sitzpolster sinken zu lassen. In Küstrin hatten sie für ihre Essensmarken reichlich Brot erhalten, ein wenig Margarine, ein Glas Marmelade und sogar ein Stück Wurst. Aber die Angst saß bei ihnen noch so tief, dass sie keinen Appetit auf diese Köstlichkeiten hatten.

Nach weiteren drei Stunden hielt der Zug endlich in Pritzwalk, einem kleinen, überschaubaren Ort. Es gab dort keine herausragenden Gebäude außer der Kirche, die, wie fast überall, den Ortskern bildete.

»Nun gut«, sagte Maria, als sie so auf dem Bahnsteig standen, »dann lasst uns mal sehen, wo wir unterkommen können. Es ist schon ziemlich spät.«

Sie waren die letzten Reisenden auf dem Bahnsteig. Sie nahmen ihre wenigen Habseligkeiten und machten sich auf die Suche nach einem Bahnbediensteten.

»Entschuldigen Sie«, fragte Maria am Schalter, »können Sie uns sagen, an wen wir uns wenden müssen, um eine neue Bleibe zu finden?«

Der Schaffner warf einen Blick auf ihre Berechtigungsscheine und musterte sie von oben bis unten, dann sagte er ein wenig schleppend: »Da werden Sie wohl im Rathaus nachfragen müssen. Solche wie ihr gehen uns hier gerade noch ab. Wir haben genügend Einheimische, die auch untergebracht werden müssen!«

Maria ließ die Schultern hängen, murmelte ein »Danke«, und wollte sich schon abwenden, als sie den behutsamen Druck kleiner Hände an ihren Schultern spürte und Elisabeth mit freundlicher, aber unnachgiebiger Stimme fragte: »Und wo, bitte, ist dieses Rathaus?«

Elisabeths Kinn war kämpferisch nach vorn gereckt, und der Blick aus ihren sonst eher sanften blauen Augen bohrte sich in die blutunterlaufenen trüben Augen ihres Gegenübers.

Nach einer kleinen Pause, in der sich der Bahnbeamte zu überlegen schien, ob er der jungen Dame überhaupt antworten sollte, wagte er wieder in dem ihm eigenen schleppenden Tonfall: »Da gehen sie am besten den schmalen Weg dort hinter den Gleisen bis zur Kirche hinauf. Wenn sie vor der Kirche stehen, ist das große weiße Gebäude rechts neben der Kirche unser Rathaus, junges Fräulein.« Dabei betonte er die Worte »unser Rathaus«.

»Vielen Dank, es geht ja doch!«, sagte Elisabeth mit spitzer Stimme, warf dem Mann einen verächtlichen Blick zu und wandte sich ab. Sie hob ihre Tasche auf und ging den anderen beiden voraus über die Gleise zu dem Weg, den der unfreundliche Bahnangestellte ihnen gewiesen hatte.

Als Anna und ihre Mutter sie eingeholt hatten, sagte sie entrüstet: »Also, wir müssen uns ja nicht alles gefallen lassen!«

»Aber Elisabeth«, protestierte Maria leise. »Der Mann war ein deutscher Beamter. Du musst ein wenig demütiger sein!«

»Ja, Mutter, vielleicht. Aber ich muss ganz sicher nicht demütig sein, wenn uns ein eingebildeter Eisenbahnschaffner so unverschämt auf eine Frage antwortet.«

Elisabeth konnte es nicht ertragen, wenn jemand ihre Mutter unfreundlich behandelte. Sie war sonst sehr friedfertig und beherrscht, aber wenn es um ihre Familie ging, wurde sie zur Löwin. Während sie dem schmalen Weg folgten, sahen sie sich neugierig um. Allen dreien blieb fast das Herz stehen, als sie einen markerschütternden Schrei hörten. Sie blieben stehen und versuchten zu orten, woher der Schrei gekommen war.

»Dort!«, flüsterte Anna und zeigte zu einem alten Gebäude, vor dem fünf Männer in schwarzen Uniformen standen und eine junge Frau mit zwei kleinen Kindern festhielten.

Die junge Frau und die Kinder hatten gelbe Binden um den Arm, auf denen ein Davidsstern zu sehen war.

»Bitte!«, schrie eine alte Frau und klammerte sich verzweifelt an den Arm eines dieser Männer, doch der stieß sie einfach zu Boden.

Die junge Frau stand starr vor Angst da, sie schien nicht zu atmen. Die Kinder klammerten sich ängstlich zitternd an die Mutter. Mit roher Gewalt stießen die Schwarzgewandeten die drei zu einem dunklen Auto, das wenige Augenblicke später bereits verschwunden war. Die alte Frau blieb weinend auf den Pflastersteinen liegen.

Elisabeth ließ die Tasche fallen und wollte zu der Frau laufen. Doch kaum war das Auto außer Sichtweite, kamen gleich mehrere Menschen aus dem Haus heraus, hoben die alte Frau auf und stützten sie.

Elisabeth blieb verblüfft stehen. Warum hatten die Menschen nicht vorher eingegriffen?

Nachdenklich ging sie langsam wieder zu ihrer Mutter und zu Anna zurück.

»Was waren das für Leute?«, fragte sie ihre Mutter erschüttert.

»Das müssen Juden gewesen sein. Schon vor dem Krieg stand in unseren Zeitungen, dass alle Juden in Deutschland einen gelben Stern tragen müssen und dass sie das Land verlassen sollen.«

»Und was machen diese Männer mit den Juden?«, fragte Elisabeth weiter.

»Das weiß ich nicht, Elisabeth. Keiner von Ihnen kommt zurück. Es heißt sie werden Richtung Osten abtransportiert. Was dort mit ihnen geschieht, darüber wird nicht geredet.«, antwortete die Mutter müde.

Natürlich hatte Elisabeth schon einiges über die Nazis und die Konzentrationslager gehört. Wenn einer ihrer Brüder für wenige Tage auf Fronturlaub nach Hause kam, ergingen sie sich bisweilen in düsteren Andeutungen, aus denen man schließen konnte, dass Unrecht und Verbrechen nicht nur eine Spezialität der kommunistischen Horden Stalins waren. Doch daheim in der Ukraine waren die Deutschen für sie Beschützer gewesen, und Elisabeth war einfach zu müde und zu geschwächt, um sich intensiver mit der Tatsache zu befassen, dass auch über dem vermeintlichen Paradies hässliche Schatten lagen.

Wie auch hätte sie sich objektiv mit den politischen Geschehnissen befassen sollen? In den Schulen hatten sie gelernt, dass der Faschismus das Paradies der Werktätigen, in dem sie lebten, bedrohe. Doch dieses Paradies war für viele die Hölle gewesen, und in den ukrainischen Dörfern waren im Zuge der Kulakenverfolgungen Millionen elend zugrunde gegangen. Und in der kurzen Zeit nach dem deutschen Überfall auf die Sowjetunion waren die deutschstämmigen Ukrainer fürchterlichen Repressalien ausgesetzt gewesen. Sie hatten die Truppen der Wehrmacht als Befreier begrüßt und sich in ihrem Schutz sicher gefühlt. Nun waren sie seit Monaten auf der Flucht und auf der Suche nach einer neuen Heimat. Sie waren froh, deutsches Land erreicht zu haben, hatten nun etwas zu essen und konnten nun zumindest einige Zeit an einem Ort bleiben, an dem sie halbwegs sicher waren. Alles andere wurde verdrängt, und eigentlich war es für die Frauen nur wichtig, dass sie am Leben waren.

Die Kirche stand auf dem höchsten Punkt des Städtchens Pritzwalk. Es war bereits ziemlich dunkel, als sie endlich völlig außer Atem vor dem Rathaus standen. Alle drei waren blass und vollkommen abgemagert. Die nackte Angst stand in ihren Augen. Sie konnten sich nicht überwinden, hineinzugehen.

Das Rathaus war ein imposantes Gebäude mit einem wunderschönen Fresko auf der linken Fassadenhälfte. Doch dafür hatten sie keinen Blick übrig. Das schmiedeeiserne Tor sah so schwer und abweisend aus, als würden sie es niemals öffnen können, aber einige der Fenster waren hell erleuchtet.

»Es hilft alles nichts, wir brauchen eine Bleibe! Hoffentlich ist noch jemand da.« Mit diesen Worten stemmte sich Elisabeth gegen das Tor und war ganz erstaunt, wie leicht es sich öffnen ließ.

Der Weg führte durch einen gepflegten Vorgarten zu einer hölzernen Eingangstür. Als Elisabeth auch diese dann beherzt öffnete, standen sie in einer großen, hell erleuchteten Halle, in die vier schmale Gänge mündeten. An einer Wand entdeckten sie dann eine Tafel, an der die einzelnen Abteilungen mit Zimmernummern angegeben wurden.

Als sie dastanden und nicht so recht wussten, wohin sie sich wenden sollten, wurde eine Tür im nächstliegenden Gang geöffnet und eine junge Frau kam auf sie zu. Mit einem freundlichen Lächeln begrüßte sie die drei verstörten Frauen und fragte höflich: »Kann ich Ihnen weiterhelfen?«

Dankbar holte Maria die drei Berechtigungsscheine für Pritzwalk aus ihrer Tasche, reichte sie der Bediensteten und sagte: »Ja, bitte! Wir sind Flüchtlinge aus Russland und soeben mit dem Zug hier angekommen. Wir wären Ihnen sehr dankbar, wenn sie uns helfen könnten, eine Unterkunft und Arbeit zu finden. Uns ist keine Arbeit zu schwer.«

Während Maria sprach, merkte Elisabeth, dass die Mutter mit ihrer Kraft am Ende war. Ihre Stimme überschlug sich fast. Die Angst, abgewiesen zu werden, stand ihr ins Gesicht geschrieben, und es fiel ihr sichtlich schwer, Haltung zu bewahren.

Elisabeth beschloss in diesem Augenblick, ihrer Mutter mehr unter die Arme zu greifen.

Die junge Frau legte Maria sanft die Hand auf die Schulter und sagte voller Mitleid und Güte: »Ich glaube, ich habe für Sie das Richtige an der Hand. Mein Onkel hat in der Nähe einen Bauernhof. Erst gestern hat er mich noch einmal daran erinnert, dass er dringend Arbeitskräfte braucht. Wenn Sie möchten, bringe ich Sie zu ihm. Zum einen könnt ihr dann zusammen bleiben, und zum anderen ist mein Onkel ein herzensguter Mensch.«

»Oh ja, das wäre wirklich wundervoll. Wie lieb von Ihnen, dass Sie uns gleich weiterhelfen!«, sagte Maria erleichtert.

»Es wird Ihnen dort sicher gefallen. Ich rufe ihn schnell an, dass er uns ein Fuhrwerk schickt! Ich bin gleich wieder bei Ihnen!«, sagte sie, während sie schon zu ihrem Büro ging.

Dann zögerte sie kurz und rief ihnen zu: »Kommen Sie doch einfach mit. In meinem Büro können sie sich ausruhen, bis mein Onkel da ist!«

»Vielen Dank, aber wir wollen Ihnen nicht zu viele Umstände bereiten. Wir warten auch gern vor dem Haus!«, sagte Maria, obwohl sie alle unglaublich müde und hungrig waren.

Die junge Dame wollte jedoch nichts davon hören, und wartete solange, bis sich Maria, Elisabeth und Anna in ihr Büro begeben hatten. Dankbar setzten sie sich auf die bequemen Stühle, die ihnen angeboten wurden.

Die junge Dame wählte eine Nummer und bat dann jemanden, sie mit Heinrich Müller zu verbinden. Es dauerte sehr lang, bis sich ihr Onkel am anderen Ende meldete.

Elisabeth bekam einen Schweißausbruch. »Bitte heb doch ab!«, flüsterte sie ganz leise vor sich hin.

Die junge Dame hob bereits entschuldigend die Schultern und wollte schon auflegen, als sie plötzlich mit strahlendem Gesicht sagte: »Hallo, Onkel Heinrich. Jetzt habe ich schon gedacht, es ist niemand da! Du wirst es nicht glauben, aber ich habe hier drei Frauen bei mir im Büro, die eine neue Bleibe suchen! ... Natürlich wollen sie auch arbeiten! ... Ja, schön, wir warten. Bis gleich!«

Sie legte den Telefonhörer auf die Gabel und schaute strahlend auf Maria, Elisabeth und Anna. »Schaut doch nicht so ängstlich drein! Mein Onkel tut euch sicher nichts zuleide! Er ist ein so gütiger Mensch. Er lässt es sich nicht nehmen, euch selbst abzuholen. Ihr werdet ihn mögen. Ach ja, ich habe mich ja noch gar nicht vorgestellt. Also, ich bin Else Müller und eure Namen kann ich den Berechtigungsscheinen entnehmen. Dann erledige ich schon mal den ganzen Papierkram, damit ihr nachher alle nur noch unterschreiben müsst.«

Während Else Müller gutgelaunt weiter plauderte, holte sie mehrere Bögen Papier aus einer Schublade und füllte sie aus. Sie merkte, wie angespannt die drei Frauen auf den Stühlen vor ihr saßen, aber sie wollte nicht darauf eingehen, um es ihnen nicht noch schwerer zu machen. Die Situation war für sie augenscheinlich schon schwierig genug.

Gut, dass sie zu den ersten Flüchtlingen gehören, die uns zugewiesen werden. Die Gemeindeverwaltung war von der Gauleitung angewiesen worden, sich auf die Unterbringung einer größeren Anzahl von Flüchtlingen vorzubereiten, und einstweilen wusste niemand, wo man all die Menschen unterbringen sollte. Einige Bauern in der Umgebung hatten zwar gemeldet, dass sie dringend Arbeitskräfte brauchten, weil alle deutschen Männer jetzt an die Front mussten, und ihnen nur einige wenige Kriegsgefangene zur Verfügung standen. Aber von einigen Bauern wusste sie, dass sie ihre Arbeiter bis aufs Blut schikanierten. Die drei Frauen würden es jedoch sehr gut haben.

Maria unterbrach zaghaft den Gedankengang Else Müllers mit der Frage, ob es vielleicht eine Möglichkeit gäbe, ihre Tochter Katharina, die in Braunschweig bei Familie Wagner eine Anstellung hatte, über ihre Ankunft hier in Pritzwalk zu informieren.

»Natürlich, gern«, nickte die freundliche Gemeindeangestellte. »Ich lasse mich mit Familie Wagner verbinden. Die Leitungen hier in der Gegend sind zum Glück alle intakt. Ich reiche den Telefonhörer dann an Sie weiter! Einen kleinen Moment bitte.«

Als sie dann Hermine Wagner am Telefon hatte, gab sie den Hörer Maria.

»Guten Abend, Frau Wagner«, begann Maria unsicher. »Ich bin die Mutter von Katharina. Wir sind heute in Pritzwalk angekommen, und ich würde gern kurz meine Tochter sprechen.«

Hermine Wagner stieß einen Freudenschrei aus. Ihr Mann Gustav eilte sofort herbei, um zu hören, was seine Frau zu diesem Ausbruch bewogen hatte.

»Wie schön, Frau Bergan, dass Sie es nach Deutschland geschafft haben! Wir haben uns schon alle so viele Sorgen um Sie gemacht. Da wird sich Katharina aber freuen. Einen kleinen Moment, mein Mann hat schon nach ihr geschickt. Sie müssen uns unbedingt einmal besuchen. Wir sind ja so froh, dass unsere Tochter Katharina zur Freundin hat. Sie wäre ja sonst so einsam … Gustav, wo bleibt sie denn? … Na, so was. Katharina und Hildegard sind nicht auffindbar. Frau Bergan, ich werde mich selbst darum kümmern, das kann ja gar nicht sein. Die Mädchen wollten heute früher schlafen gehen. Ich rufe Sie schnellstmöglich zurück.«

Nachdem Maria Hermine Wagner mitgeteilt hatte, wo sie gleich hinfahren und unter welcher Telefonnummer sie erreichbar sein werden, legten sie auf.

»Gustav, wo sind die Mädchen?«, fragte Hermine fassungslos ihren Gatten. Ein Blick in sein Gesicht sagte ihr, dass etwas Ungewöhnliches passiert sein musste. Sie stürmten förmlich die Treppen hinauf in das erste Stockwerk des Hauses, und eilten zuerst in Hildegards Räume.

Sie sahen auf den ersten Blick, dass das Bett ihrer Tochter unbenutzt war. Die beiden Fenster standen weit offen. Mit klopfendem Herzen liefen sie zum Fenster und sahen hinunter. Von den beiden Mädchen war keine Spur.

»Sie werden doch keine Dummheit gemacht haben! Gustav, nun unternimm doch irgend etwas. Katharina! … Lass uns in ihrem Zimmer nachsehen!«

Hermine Wagner wurde nun wirklich nervös. Ohne vorher anzuklopfen rissen sie die Tür zu Katharinas Zimmer auf.

»Nichts, nicht der geringsten Hinweis, wo sie hingegangen sein könnten!«, rief Hermine hysterisch, nachdem sie auch Katharinas Zimmer untersucht hatten.

»Wir müssen das Personal befragen«, beschloss Gustav, der sich nun auch Sorgen machte. »Irgend jemand muss doch etwas gesehen oder gehört haben!«

»Rosalind!«, rief er laut durchs ganze Haus. »Rosalind, wo stecken Sie denn bloß.«

Die Haushälterin kam ihm auf halber Treppe entgegengeeilt.

»Rosalind, sorgen Sie bitte dafür, dass sich das gesamte Personal in der Halle einfindet, und zwar sofort!«

Die rundliche Haushälterin starrte ihn mit vor Schreck geweiteten Augen an und rührte sich nicht von der Stelle. So hatte sie ihren Chef noch nie erlebt. Erst als er sie nochmals anschrie, kam Leben in die sonst eher gemütliche Haushälterin.

»Sehr wohl, Herr Wagner«, sagte sie beflissen und eilte davon, um seine Anweisung zu befolgen.

»Ich will sofort wissen, ob einer von euch eine Ahnung davon hat, wohin unsere Tochter und Katharina verschwunden sind. Wer mir etwas verschweigt, wird sofort entlassen. Ich werde alles herausfinden, da könnt ihr ganz sicher sein!«

Drohend sah er jeden Angestellten der Reihe nach an. Alle sahen ihn erstaunt und ein wenig ängstlich an – bis auf den Chauffeur, der beschämt auf den Boden starrte und seine Mütze nervös in den Händen drehend.

Gustav Wagners scharfem Blick entging die merkwürdige Reaktion des jungen Mannes nicht. Er trat auf ihn zu und legte eine Hand auf seine Schulter. »Gut, ihr könnt wieder auf eure Zimmer gehen! Christoph, Sie kommen mit in mein Büro!«

»Und Sie sind sich sicher, dass die beiden Mädchen heute Abend noch wiederkommen?«, fragte Gustav Wagner nochmals nach, obwohl der Chauffeur bereits zweimal alles detailliert berichtet hatte, was er wusste.

»Ja, Herr Wagner. Ich sollte ja warten, bis sie wieder da sind, um die Räder einzustellen.«

»Und sie haben keine Ahnung, wohin sie gefahren sein könnten?«, fragte Hermine fast flehend.

Doch der Chauffeur schüttelte nur bedauernd den Kopf. Nachdem sie ihn aus dem Büro entlassen hatten, sagte Hermine so mehr zu sich selbst: »Also ich verstehe Hildegard nicht. Wir haben ihr doch immer alles erlaubt. Sie hat solche Heimlichkeiten doch gar nicht nötig!«

Ihr Mann schaute sie düster an. »Wir haben ihr immer zuviel durchgehen lassen! Ab jetzt weht ein anderer Wind. Uns so einen Schreck einzujagen.«

Er ließ sich erschöpft in seinen weichen Schreibtischstuhl zurückfallen.

»Ich werde unten auf sie warten. Wir dürfen Katharinas Mutter nicht länger als nötig auf den Rückruf warten lassen. Sie hat nun wirklich schon genug durchmachen müssen!«

Hermine Wagner erhob sich schwerfällig. »Irgendwie bin ich schon zu alt für solche Eskapaden!«

Als Heinrich Müller das Büro seiner Nichte betrat, atmeten Maria, Elisabeth und Anna auf. Sein freundliches Wesen und seine Art, sie zu begrüßen, nahm ihnen auf den Schlag die größten Ängste.

»Wie schön, dass es euch gerade nach Pritzwalk verschlagen hat«, sagte er zu Maria, nachdem sie sich vorgestellt hatten. »Ich habe schon befürchtet, dass ich in diesem Jahr alles alleine machen muss!«

»Ach geh, Onkel Heinrich, als ob ich noch nie etwas für dich getan hätte!«, protestierte Else. Lachend nahm Heinrich Müller seine Nichte in den Arm. »Natürlich bist du immer für mich da, aber du weißt ja auch, wie mein Haushalt so langsam herunterkommt, seit deine Tante nicht mehr unter uns ist.«

Er wandte sich wieder an Maria: »Es freut mich wirklich, dass ich drei so reizende Frauen für meinen Hof finden konnte. Aber ich glaube, wir müssen euch erst ein wenig aufpäppeln. Jetzt ruht ihr euch ein paar Tage von eurer anstrengenden Reise aus. Und anschließend könnt ihr euch entscheiden, ob ihr immer noch bei uns bleiben oder euch lieber etwas anderes suchen wollt!«

Maria, Elisabeth und Anna waren von seiner großherzigen Art ganz angetan. »Nein, Herr Müller, wir sind uns jetzt schon ganz sicher, dass wir bei Ihnen bleiben wollen«, erwiderte Maria gerührt, »und ausruhen wollen wir uns auch nicht zu lange, aber wenn wir einen Tag frei bekommen könnten, um meine Tochter in Braunschweig zu besuchen, wären wir Ihnen außerordentlich dankbar. Wir haben sie schon lange nicht mehr gesehen!«

»Sie haben hier in Deutschland eine Tochter?«, rief Heinrich Müller erstaunt. »Natürlich können Sie sie besuchen. Ihre Tochter kann auch gern zu uns kommen.

Ich kann im Moment gar nicht genug Hände bekommen.«

»Das ist wirklich sehr freundlich von Ihnen, aber ich glaube, ihr derzeitiger Arbeitgeber will sie gar nicht hergeben«, erwiderte Maria.

»Nun gut, dann lasst uns aufbrechen! Fährst Du mit, Else?«

»Ja, ich muss nur schnell meinem Chef Bescheid geben. Ihr könnt schon vorausgehen.«

Während Hildegard trotzig auf den Boden starrte, wäre Katharina vor Scham am liebsten im Erdboden versunken.

»Hildegard, was macht ihr beide denn für Dummheiten! Du kannst doch nicht am Abend einfach weglaufen, ohne mir Bescheid zu sagen. Katharina, geh du doch bitte hinüber zu meinem Mann. Er ist in seinem Arbeitszimmer. Ich komme gleich nach.«

»Ja, Frau Wagner. Ich … es tut mir …«, stammelte Katharina, doch Hermine Wagner unterbrach sie sofort: »Jetzt geh schon! Wir reden nachher über diesen nächtlichen Ausflug!«

Katharina ging mit bangen Gefühlen zum Arbeitszimmer Herrn Wagners hinüber. Würde man sie nun entlassen? Was sollte sie nur machen, wenn man ihr sagte, man hätte kein Vertrauen mehr zu ihr und sie solle ihre Koffer packen. Wohin könnte sie dann gehen, und wie sollte sie jemals ihre Mutter und Elisabeth und Anna wiedersehen? Als Katharina vor der schweren Eichentür stand, atmete sie noch einmal tief durch, ehe sie eintrat.

»Katharina! Wo bitte seid ihr gewesen? Ist Hildegard auch daheim?«

Katharina konnte nur nicken. Die Tränen liefen ihr über das Gesicht.

Gustav Wagner schien keineswegs sonderlich erbost. Er kam um seinen großen Schreibtisch herum und nahm Katharina väterlich in den Arm.

»Ist schon gut, aber wir haben uns große Sorgen um euch gemacht! Euer Ausflug wäre uns übrigens gar nicht aufgefallen«, fuhr er mit einem Augenzwinkern fort, »wenn du nicht einen Anruf bekommen hättest! Jetzt rate einmal, wer für dich angerufen hat!«

Mit vor Erstaunen aufgerissenen Augen flüsterte Katharina: »Mama?«

»Ja!«, rief Gustav Wagner sichtlich erfreut. »Und deine Leute sind gar nicht so weit von uns entfernt! Sie wohnen und arbeiten bei einem Bauern in Pritzwalk!« »Sie wohnen und arbeiten schon in Deutschland und rufen mich jetzt erst an?«

»Nein, nein Mädchen. Sie sind heute erst in Pritzwalk eingetroffen. Aber sie hatten scheinbar wirklich viel Glück und sind bereits gut untergebracht! Du kannst dich aber selbst vergewissern. Deine Mutter hat eine Telefonnummer dagelassen, unter der du sie erreichen kannst. Wir lassen uns gleich ein Amt geben.«

Trotz der vorgerückten Stunde ging er zum Telefon und verlangte eine Verbindung mit Heinrich Müller. Nach ein paar Augenblicken – Katharina stand da wie hypnotisiert – hörte sie Gustav Wagner mit einem Herrn Müller telefonieren. Mit einem aufmunternden Lächeln gab Gustav Wagner ihr den Telefonhörer.

»Hallo?«, fragte Katharina unsicher in den Hörer. »Katharina, mein Kind!«, schluchzte Maria Bergan ins Telefon. »Mama! Oh, Mama, du bist endlich da!«

Die Sehnsucht, die Angst umeinander und die Freude, endlich die ersehnte Stimme zu hören, machten sich in Tränen Luft. Gerührt verließ Gustav Wagner leise sein Büro, um Katharina in diesem Augenblick nicht zu stören.

Als sich beide ein wenig gefasst hatten, fragte Katharina: »Wann seid ihr denn in Pritzwalk angekommen? Und Elisabeth und Anna sind bei dir? Wann können wir uns denn sehen?« Die Fragen sprudelten nur so aus Katharina heraus.

»Wir haben so großes Glück gehabt, dass wir eine freundliche Dame im Rathaus getroffen haben, die uns an ihren Onkel vermittelt hat. Er hat uns gleich abgeholt, und jetzt sind wir bereits in unserem neuen Zuhause. Elisabeth, Anna und ich können hier zusammen leben und arbeiten. Er hat uns morgen freigegeben, damit wir dich besuchen können. Wir werden uns gleich in der Früh auf den Weg machen und sind dann spätestens um die Mittagszeit bei dir!«

»Schön, Mama! Wie sehr ich mich auf euch freue!« Nach dem Telefonat musste sich Katharina erst einmal kurz hinsetzen.

Ostfront, Sommer 1944

David, Peter und ihre Kameraden Harald, Bertram und Eugen robbten so schnell sie konnten die Böschung hinab. Sie hofften, dass ihnen die hereinbrechende Dunkelheit genügend Schutz bieten würde, um in den nahe gelegenen Wald zu gelangen. Seit drei Stunden steckte die deutsche Patrouille in diesem Graben fest. Sie sollten gegen den Feind aufklären und waren dabei offenbar mitten in den Aufmarsch der Roten Armee zur lange befürchteten Offensive geraten. Kaum einen Kilometer vor ihnen rollten lange Kolonnen von T-34-Panzern in die Aufmarschräume. Alles hing davon ab, dass sie schnellstmöglich zu ihrer Einheit zurückkamen, um Meldung zu erstatten.

»Los, Männer«, befahl der Fähnrich, der die Gruppe befehligte. »Jetzt ist es dunkel genug. Sehen wir zu, dass wir es hinüber in den Wald schaffen.«

Auf Kommando standen sie alle fünf langsam auf und liefen geduckt dem Waldrand zu.

Ein fürchterlicher Krach ließ sie auf halber Strecke wieder zu Boden gehen. Panzergranaten!

In David brach Panik aus. Die Russen hatten sie entdeckt. Ein T 34 hatte sich aus der Formation gelöst und rollte langsam auf sie zu. Die Angst gab ihm einen ungeheuren Adrenalinstoß. Er merkte nicht einmal, dass er verwundet war.

Der Fähnrich, der sie geführt hatte, war durch die Wucht der Detonation mehrere Meter zur Seite geschleudert worden, und David erkannte sofort, dass niemand ihm mehr helfen konnte. »Weiter, Jungs!«, schrie er und sprang auf. Doch niemand folgte ihm.

Sofort warf er sich wieder zu Boden und presste das Gesicht in den Staub.

»He, was ist los, Bruder. Lass uns abhauen! Es wird mir hier zu heiß! Wir müssen die anderen warnen.«

Als Peter sich immer noch nicht bewegte, robbte David unwillig zu ihm hin. »Peter, lass dich doch nicht so gehen, wir müssen hier weg!« Er schüttelte Peter an der Schulter. Panik brach in ihm aus, als seine Hand in etwas Warmes, Klebriges griff. Das war Blut. Peter war getroffen!

»Peter, Mensch, gib doch nicht so schnell auf!«, rief David verzweifelt. Dann sah er, dass auch Harald, Bertram und Eugen sich nicht rührten, obwohl der russische Panzer unerbittlich näher kam.

»Nein, bitte nicht!« Er robbte von einem zum anderen. Er konnte nicht begreifen, dass auf den Schlag alle seine Freunde nicht mehr da waren – und sein Bruder. Vollkommen verwirrt robbte er wieder zu Peter.

»Nein, Peter, nein! Du darfst nicht sterben!« Vorsichtig drehte er ihn um und legte seinen Kopf in seine Armbeuge. Er küsste seine Wangen, und die Tränen liefen ihm herunter und sammelten sich auf Peters Gesicht.

»Warum nur!«, wimmerte David immer wieder vor sich hin, aber es brachte ihm seinen Bruder nicht zurück. Der Russenpanzer war nur mehr wenige Meter entfernt. Seine Scheinwerfer tasteten den Boden ab. David wusste, dass auch er verloren war, wenn er in den Lichtkegel geriet. Blitzartig sprang er auf, rannte im toten Winkel des Panzerfahrers davon, warf sich wieder hin, rannte weiter. Aus sicherer Entfernung musste er mitansehen, wie sich der russische Panzer mehrfach über der Stelle drehte, an der er Sekunden zuvor noch gelegen hatte. Der Koloss hätte ihn zerquetscht wie einen Wurm, wenn er dort geblieben wäre bei seinen toten Kameraden.

Langsam kam ihm sein Auftrag wieder zu Bewusstsein. Die Russen sammelten sich zum entscheidenden Angriff auf die Nordfront. Die von ihm beobachtete Massierung ihrer Panzerverbände konnte nur bedeuten, dass sie die deutschen Divisionen einkesseln wollten. Er musste schnellstmöglich zu seiner Division zurück.

David wusste nicht, wie er in der Dunkelheit den Weg zurück zu seiner Einheit fand. Der Schock, die Angst und die unbändige Wut mochten ihm geholfen haben, den Weg so schnell zurückzulegen. Als er in seinem Quartier ankam, stammelte er vor einem Posten seine Meldung und brach zusammen.

»Das ist einer von unserer Patrouille!«, rief eine Stimme. »Schnell, bringt ihn ins Lazarett! Er ist verwundet!«

David kam wieder zu sich, als ihm jemand sachte auf die Wange klopfte. »David, wach auf! Was ist passiert!« David schaute in besorgt dreinblickende Augen und erkannte, dass es die Augen seines Kompaniefeldwebels waren.

»Sie sind schon überall! Sie lassen riesige Panzerkräfte aufmarschieren. Ich bin sicher, sie wollen uns einkesseln!«

Der Feldwebel nickte. »Ich werde Ihre Meldung sofort an den Divisionsstab weitergeben. Aber wo ist der Rest der Patrouille?«

»Eine Panzergranate hat uns erwischt. Mein Bruder Peter und die anderen sind tot!« Wieder liefen ihm die Tränen aus den Augen, ohne dass er weinen wollte.

David wollte sich aufrichten, doch der Feldwebel drückte ihn ins Kissen zurück.

»Sie müssen auf dem schnellsten Wege ins Lazarett. Sie haben einen Splitter in der rechten Lunge sitzen.«

Jetzt erst bemerkte David den stechenden Schmerz beim Luft holen.

Braunschweig, Sommer 1944

Am Bahnhof in Braunschweig fielen sich Maria und Katharina in die Arme. Sie drückten und küssten sich, und es war ihnen auch nicht peinlich, dass ihnen die Mitreisenden sonderbare Blicke zuwarfen.

»Wie schön, euch gesund wiederzusehen! Ihr müsst Schreckliches auf der Flucht durchgemacht haben.« Sie schaute sie von oben bis unten an.

»Und wie dünn ihr seid. Da fällt mir ein, dass ich euch zum Mittagessen mit zu Familie Wagner nehmen soll. Lasst uns schnell zum Wagen gehen, damit wir sie nicht zu lange warten lassen.«

Maria beobachtete Katharina, die vergnügt und gut genährt aussah, und dachte sich: »Wie gut, dass wenigstens du schon in Deutschland warst und die Strapazen der Flucht nicht erleben musstest.«

Sie war voller Dankbarkeit, dass sie nun wenigstens alle ihre Töchter um sich hatte.

Gustav Wagner wollte alles wissen, und Maria erzählte bereitwillig alles, was sie auf der Flucht erlebt hatten. Als sie geendet hatte, war es ganz still im Raum. Selbst Hildegard war beeindruckt.

»So, nun lassen wir euch allein. Ihr habt euch gewiss sehr viel zu erzählen. Ich möchte, dass ihr euch in unserem Hause wohl fühlt. Ihr könnt euch bei dem schönen Wetter auch gern in den Garten setzen und euch Getränke bringen lassen. Es soll euch an nichts fehlen!«

»Vielen Dank, Herr Wagner. Ich danke Ihnen vor allem, dass Sie meine Tochter hier so freundlich aufgenommen haben und dass es ihr bei Ihnen so gut geht. Wir werden immer in Ihrer Schuld stehen.«

Gustav Wagner winkte gerührt ab.

»Ganz im Gegenteil, Frau Bergan. Wir sind so froh, dass unsere Tochter in Katharina eine so gute Freundin gefunden hat.«

Bereitwillig zeigte Katharina ihrer Mutter und ihren Schwestern ihr Zimmer und den Garten. Sie war ganz gerührt, dass ihre Schwestern keinerlei Neid zeigten. Sie bewunderten alles ausgiebig, was für Katharina wichtig war, und freuten sich für sie, dass sie es hier so gut getroffen hatte.

Der Tag verging viel zu schnell, aber sie versprachen sich gegenseitig so oft wie möglich zu besuchen.

Als ihre Familie abgereist war, wurden Katharina und Hildegard in Gustav Wagners Arbeitszimmer gerufen. Auch Hermine Wagner war anwesend.

»Also, um nochmals auf eure nächtliche Tour zurückzukommen«, begann der Hausherr streng, und räusperte sich, während er beide Mädchen scharf ins Auge fasste. »Hildegard hat uns die ganze Geschichte erzählt. Wir wissen also, dass dich, Katharina, keine Schuld trifft, aber wir wollen, dass so etwas nicht noch einmal vorkommt. Es ist einfach zu gefährlich, nachts in der Gegend herumzufahren – noch dazu ohne männliche Begleitung. Ich möchte von euch beiden ein Versprechen hören, dass ihr es nicht noch einmal wagt, ein solches Unternehmen zu starten, ohne uns davon in Kenntnis zu setzen.«

Mit strengem Blick sah er von der einen zur anderen. Katharina war vor Angst und Scham ganz übel. Sie ergriff als erste das Wort: »Ich möchte mich bei Ihnen entschuldigen, dass ich Ihre Tochter in Gefahr gebracht habe. Es wird ganz sicher nie wieder vorkommen. Und ich danke Ihnen nochmals, dass sie mir den Tag mit meiner Familie geschenkt haben.« Ihr Gesicht war vor Aufregung gerötet.

Hildegard umarmte Katharina und sagte lachend: »Ach Käthchen, das war doch alles nur meine Schuld. Ich musste dich ja förmlich zwingen mitzufahren. Papa, du weißt, wie leid es mir tut. Ich werde es ganz sicher nie wieder tun. Sobald Arnold wieder da ist, werde ich ihn euch vorstellen. Ich weiß jetzt schon, dass ihr ihn mögen werdet.«

Strahlend umarmte sie ihre Eltern, die ihrer Tochter nie lange böse sein konnten.

»Katharina, du hast ab jetzt jede Woche zwei Tage frei, um deine Mutter und Schwestern besuchen zu können. Bisher hast du ja noch keinen einzigen freien Tag in Anspruch genommen. So, und jetzt ab mit euch beiden!«

Katharina vereinbarte mit Hildegard, dass sie jeden Samstag zu ihrer Familie fahren würde, und für den großzügigen Gustav Wagner war es eine Selbstverständlichkeit, die Fahrkarten für den Zug zu bezahlen.

Katharina fieberte schon dem nächsten Wiedersehen mit ihrer Mutter und ihren Schwestern entgegen. Auch die Frauen der Familie Wagner zeigten sich denkbar großzügig und plünderten ihre Kleiderschränke, um die Flüchtlinge mit Garderobe zu versorgen. Hildegard hatte vier Kleider aussortiert, die sie angeblich nicht mehr tragen mochte, und Hermine Wagner hatte Katharina ein Alltagskleid und ein hübsches Kostüm für ihre Mutter gegeben. Katharina selbst hatte für ihre Mutter einen wunderschönen gebogenen Kamm aus ihren Habseligkeiten herausgesucht, und für ihre Schwestern eine unglaubliche Rarität: Lippenstifte. So etwas konnte man im ganzen deutschen Reich nirgends kaufen, aber Christiane, die sich bei Hildegard immer einzuschmeicheln versuchte, hatte gute Kontakte in die Schweiz …

Als sich Katharina am nächsten freien Samstag auf den Weg machen wollte, steckte ihr Gustav Wagner noch eine Flasche guten Rotwein und eine Schachtel Pralinen zu. Beides war zu Kriegszeiten Mangelware, und Katharina freute sich, ihre Mutter und ihre Schwestern mit diesen Luxusgütern zu verwöhnen. Sie war beim ersten Wiedersehen erschrocken, wie abgemagert ihre Schwestern waren und wie blass und krank ihre Mutter aussah.

Am Bahnhof von Pritzwalk wartete Elisabeth schon auf sie. Heinrich Müller hatte es sich nicht nehmen lassen, sie selbst zum Bahnhof zu fahren.

Katharina ließ ihre Tasche fallen und schloss Elisabeth ganz fest in die Arme. »Ach Elisabeth, ich freue mich so, dass ich euch wieder in meiner Nähe habe. Vor allem dich habe ich so vermisst. Mit niemandem kann ich mich so unterhalten wie mit dir!«

Elisabeth lachte: »Wenn du mich loslässt, können wir zu unserem neuen Zuhause fahren. Aber du hast recht, ich habe dich auch unglaublich vermisst und bin nun froh, dass ich dich wiederhabe.«

Arm in Arm gingen sie zu dem offenen Landauer, vor den Heinrich Müller einen seiner Ackergäule gespannt hatte. Ein anderes Fortbewegungsmittel besaß er nicht mehr.

»Das ist unser lieber Herr Müller, der uns so bereitwillig ein neues Zuhause und eine Arbeit gibt«, stellte Elisabeth Heinrich Müller ihrer Schwester vor. Heinrich Müller strahlte über das ganze Gesicht.

»Es war ganz eigennützig von mir, Ihre Mutter und Ihre Schwestern einzustellen. So ehrliche und fleißige Leute findet man heutzutage kaum mehr. Es war ein Glücksgriff!« Er überschlug sich förmlich vor Katharina. Sie hatte sich für diesen Besuch richtig aufgeputzt und war wie eine reiche Dame aus gutem Hause gekleidet. Der Bauer konnte kaum glauben, das diese behandschuhte und mit edelsten Stoffen bekleidete Dame Elisabeths Schwester war.

»Und das ist meine Schwester Katharina. Sie lebt schon seit einiger Zeit in Braunschweig«, erklärte Elisabeth, und Heinrich Müller verbeugte sich tief, als ob er eine richtige Dame und nicht ein blutjunges Mädchen vor sich gehabt hätte. Katharina verkniff sich ein Lachen, stubste Elisabeth jedoch verschwörerisch in die Seite, als sich Herr Müller um die Pferde kümmerte.

Es war eine sehr aufregende Fahrt. Elisabeth und Katharina versuchten, alles Erlebte einander in der kurzen Zeit der Fahrt aufs Land hinaus zu erzählen. Sie lachten, und sie weinten.

Eng umschlungen saßen sie auf der Rückbank des Wagens, als könnte sie nichts und niemand mehr trennen.

Auf dem Bauernhof angekommen, zeigte Elisabeth Katharina ihr neues Zuhause. Heinrich Müller hatte ihnen das kleine Verwalterhaus zur Verfügung gestellt, da er in Kriegszeiten diese Stellle ohnehin nicht besetzen konnte und froh sein musste, wenn man ihm ein paar Flüchtlinge und Kriegsgefangene als Arbeitskräfte zuwies. In ihrer freien Zeit hatten sie das kleine Häuschen auf Hochglanz gebracht. Es war hübsch und gemütlich. Nie hätten sie es sich erträumt, noch einmal in so schöner Umgebung wohnen zu können.

Als sie am Abend zusammensaßen, packte Katharina ihre mitgebrachten Schätze aus. Die Mutter, Elisabeth und Anna kamen aus dem Staunen nicht heraus.

»Ihr müsst die Kleider gleich anprobieren. Schau Mama, dieses Kleid und das hübsche Kostüm ist von Frau Wagner. Und die Kleider für euch, liebe Schwestern, hat mir die Hildegard mitgegeben. Das blaue wird dir unglaublich gut stehen, Elisabeth, und schau, das lila Kleid ist doch wunderschön, Anna!«

Die Mädchen probierten die Kleider an und fühlten plötzlich, wie schön es sein konnte, jung zu sein. Es störte sie auch nicht, dass die Kleider alle ein wenig zu weit waren. Der Krieg hatte ihnen die Unbeschwertheit der Jugend genommen, aber nicht die Freude an schönen Dingen, und er hatte ihnen die Fähigkeit gegeben, mit wenig zufrieden zu sein.

Sie öffneten die Flasche Rotwein und die Schachtel Pralinen und redeten bis tief in die Nacht. Auch der Sonntag verging so wie im Flug.

Als sie gerade auf den Landauer klettern wollten, richtete Heinrich Müller plötzlich den Blick in die Ferne und schüttelte missbilligend den Kopf: »Ja, was ist denn da los. Wenn der nicht langsamer fährt, wird ihm der Wagen gleich auseinanderbrechen!«

Auch die anderen drehten sich nun um. Eine große Staubwolke hinter sich herziehend kam ein altertümlicher, hochbeiniger Wagen in gestrecktem Galopp direkt auf sie zu. Unwillkürlich hielten Maria, Elisabeth und Anna den Atem an.

Die Schrecken der Flucht waren noch lange nicht vergessen, und Marias Herz verkrampfte sich. Es konnte nichts Gutes bedeuten, wenn jemand sein Pferd so gnadenlos antrieb.

Unruhig warteten sie auf die Ankunft der Kutsche, und irgendwann sagte Heinrich Müller:

»Nein, ich glaube es nicht. Es ist der Wagen meiner Nichte Else!«

Als Gregor am nächsten Morgen erwachte und sah, dass er daheim war, spürte er einen neuen Lebenswillen. Er wollte schnellstmöglich etwas unternehmen, damit sie wieder etwas zu essen bekamen. Er stand auf, suchte sich aus der Kleidertruhe saubere Kleidung und machte sich auf den Weg zum Vorsitzenden seiner Kolchose.

»Guten Morgen«, grüßte er freundlich die Sekretärin, »ich würde gern kurz den Herrn Vorsitzenden sprechen.«

»Er ist gerade nicht zu sprechen. Da musst du schon ein anderes Mal wiederkommen«, entgegnete die Sekretärin spitz.

»Vielen Dank, aber dann warte ich lieber hier, bis er für mich Zeit hat!«, sagte Gregor höflich aber bestimmt.

Als er nach zwei Stunden immer noch dasaß und geduldig wartete, ohne sich zu beschweren, ließ sich die Sekretärin erweichen und meldete Gregor beim Vorsitzenden Alexander Ivanowitsch an. Als Gregor aufgefordert wurde einzutreten, spürte er eine Welle der Angst in sich aufsteigen. Was wäre, wenn der Vorsitzende ihn gleich festnehmen ließe.

Seine Knie zitterten, aber als der Vorsitzende ihn freundlich fragte: »So, mein Junge, was kann ich für dich tun?«, antwortete er mit fester Stimme:

»Guten Tag, Herr Vorsitzender. Mein Name ist Gregor Giesheim. Ich muss Ihnen etwas erzählen, und ich hoffe, dass Sie mich nicht verurteilen oder wieder wegschicken. Ich wurde zusammen mit meiner Mutter aus unserem Dorf evakuiert. Meine beiden kleinen Schwestern wurden nicht mitgenommen, weil sie an diesem Tag in der Stadt waren. Vor kurzem bekam ich durch einen neuen Lagerinsassen die Nachricht, dass meine beiden Schwestern kurz vor dem Verhungern sind. Es blieb mir deswegen nichts anderes übrig als zu fliehen. Bitte lassen Sie mich nicht verhaften. Ich werde mich äußerst ruhig verhalten. Ich brauche nur ein wenig Brot, damit wir überleben können, bis ich eine Arbeit gefunden habe.«

Nachdenklich schaute der Vorsitzende Alexander Ivanowitsch Gregor an, dann sagte er langsam: »Du bist mutig und verantwortungsbewusst. Das gefällt mir! Lass dir ein großes Brot von der Sekretärin geben. Du meldest dich jeden Monat bei mir, sonst lasse ich dich verhaften! Ich glaube das Bergwerk in Kotlorewka sucht noch Arbeiter. Versuch dort dein Glück!«

»Vielen Dank, Herr Vorsitzender. Ich werde Ihr Vertrauen gewiss nicht missbrauchen.«

Die Sekretärin hielt das Brot schon in der Hand, als hätte sie gelauscht. Froh, weil er so viel erreicht hatte, nahm er dankend das Brot und machte sich auf den Weg nach Hause.

Greta und Marianne standen schon am Fenster und hielten nach ihm Ausschau. Sie hatten noch geschlafen, als er das Haus verlassen hatte. Als Gregor seine kleine Schwester Marianne sah, blieb er erschrocken stehen. Sie war spindeldürr und leichenblass. Sie konnte auch nur mit Gretas Unterstützung gehen und stehen. Gregor nahm sie liebevoll in seine Arme. Alle drei weinten.

»Jetzt wird alles gut. Ich bin jetzt wieder da und werde für euch sorgen!«

Er berichtete, was er an dem Vormittag schon alles erreicht hatte.

Greta war sprachlos. »Er hätte dich gleich wieder verhaften lassen können! Gregor, was machst du für Sachen!«

»Ich wusste von einem Bekannten, dass der Vorsitzende ehrliche Menschen fördert. Er hasst nichts mehr, als wenn er angelogen wird. Ein bisschen Glück habe ich natürlich auch gehabt.«

Sie teilten das Brot in zwei Teile, damit sie am nächsten Tag auch noch etwas zu essen hatten, und am Morgen machte sich Gregor auf den Weg zum Kohlenbergwerk. Der Geschäftsführer ließ sich nicht lange bitten. Er zeigte Gregor, was er zu tun hatte, und befahl ihm, sofort anzufangen.

Gregor musste die mit Kohle beladenen Wagen aus dem Schacht in den Förderkorb schieben, oben ausladen und wieder nach unten bringen. Am Ende des langen Arbeitstages war er vollkommen schwarz vom Kohlenstaub. Als er jedoch seinen Tageslohn einsteckte, freute er sich von ganzem Herzen.

Keuchend und dampfend blieb das Pferd direkt vor ihnen stehen, und Else Müller sprang vom Kutschbock. Ihre Miene verhieß nichts Gutes, und sie kam mit ernster Miene auf Maria zu.

In diesem Augenblick wusste Maria, dass sie eine Nachricht von ihren Söhnen hatte, und dass es ganz sicher keine gute Nachricht war.

Maria hörte, dass es in ihrem Kopf zu rauschen begann. Das Rauschen wurde immer stärker. Maria konnte sehen, dass Else ihr irgend etwas sagte, aber sie konnte nichts hören. Das Rauschen verstärkte sich mehr und mehr, bis etwas in ihrem Kopf explodierte und es dunkel wurde. Marias Beine knickten ein und sie wäre der Länge nach auf den Boden gefallen, wenn Heinrich nicht geistesgegenwärtig hingesprungen wäre und sie aufgefangen hätte.

Er brachte sie gemeinsam mit den anderen ins Haus und legte sie sanft auf das weiche Sofa. Elisabeth holte schnell ein Glas Wasser und Riechsalz.

Als Maria wieder zu sich kam, flüsterte sie: »Meine Buben, was ist mit David, Peter und Johann?« Sie richtete sich auf. »Ich will es wissen!«

Else nahm ihre Hände und sagte: »Maria, Sie müssen jetzt sehr stark sein.«

»Wer ist es diesmal! Jetzt reden Sie doch schon!«, schrie Maria verzweifelt.

»Peter«, sagte Else leise. »Ich habe mich erkundigt, wo Ihre Söhne stationiert sind und wollte für Sie einen Heimaturlaub erwirken. Denn ich kenne den Divisionskommandeur. Aber leider habe ich diese schlechte Nachricht für Sie bekommen.«

»Und David und Johann? Wo sind meine anderen beiden Söhne?«

Else schluckte. »Bei dem Angriff, bei dem Peter zusammmen mit drei weiteren Kameraden gefallen ist, wurde David von einem Granatsplitter verwundet. Aber er lebt und wird schnellstmöglich in das Krankenhaus Pritzwalk gebracht. Johann habe ich leider noch nicht finden können. Er dient auch nicht in der gleichen Einheit. Vielleicht ist er nicht bei der Wehrmacht.«

Maria legte sich erschöpft zurück und flüsterte: »Danke, Else. Bitte bringen Sie mir meinen David her, wenn es irgendwie geht. Wir werden ihn selbst gesund pflegen.«

Tränen liefen über ihr Gesicht. Elisabeth, Katharina und Anna saßen still ihrer Mutter zu Füßen. Sie zeigten keine Gefühlsregung. Als aber Heinrich und Else Müller das Zimmer verlassen hatten, umarmten sie sich und ließen ihren Tränen freien Lauf.

Zwei Wochen später konnte Maria ihren Sohn David in die Arme schließen. Man hatte den Granatensplitter aus seiner Brust entfernt, und er hatte sich so schnell von der Operation erholt, dass er nun auf Genesungsurlaub zu seiner Familie durfte.

»Ich bin froh, dem Lazarett entkommen zu sein«, sagte er lachend, als Elisabeth ihm eine warme Suppe brachte. »Dort wurde ich nicht so freundlich umsorgt!«

Elisabeth setzte sich auf die Bettkante und strich ihm übers Haar.

»Ich bin so froh, das du jetzt bei uns bist!«, sagte sie leise.

»Natürlich«, flachste David, »es gibt ja auch nichts Besseres, als einen Invaliden am Bein kleben zu haben.«

»Hör damit auf, David! Du weißt genau, wie gern wir dich pflegen. Am liebsten würden wir dich für immer hier behalten!«

David wurde es nicht langweilig. Elisabeth, Anna und seine Mutter wechselten sich mit der Pflege ihres Bruders bzw. ihres Sohnes ab. Wer bei der Arbeit gerade abkömmlich war, sah schnell nach ihm.

Heinrich Müller beschwerte sich auch nicht darüber, da seine »drei Damen« die fleißigsten Mitarbeiter waren, die er je gehabt hatte.

Als im Herbst die Ernte eingebracht und alles winterfest gemacht worden war, gab Heinrich Müller ein großes Fest, zu dem auch einige Bauern aus der Nachbarschaft mit ihrem Gesinde eingeladen waren. Die Vorbereitungen liefen auf Hochtouren. Anlässlich des Festes wurden ein paar Kaninchen geschlachtet und einige Fasane geschossen. Dazu gab es selbstgemachten Apfelmost und selbst gebrannten Schnaps. Nur an der Bewirtung merkte man, dass sich Deutschland im fünften Kriegsjahr und bereits am Rande der Niederlage befand. Denn das übliche Schwein zu schlachten, konnte Heinrich Müller nicht wagen – auf Schwarzschlachten stand die Todesstrafe.

Elisabeth und Anna durchsuchten den Keller und fanden Lampions, buntes Papier, Fackeln und andere brauchbare Dinge aus der Vorkriegszeit, mit denen sie den Garten schmücken wollten. Sie waren ganz aufgeregt. Es war ihr erstes Fest seit vielen Jahren.

Es wurde ein rauschendes Fest. David war so weit genesen, dass er die Damen der Reihe nach zu einem kleinen Tänzchen bitten konnte. Er genoss es sichtlich, der Hahn im Korb zu sein, und nachdem er der einzige junge Mann auf diesem Fest war, rissen sich die Mädchen um ihn.

Ganz besonders galt das für Agnes, die einzige Tochter des reichsten Bauern der Umgebung und Gaubauernführers. Sie ließ kaum noch ein anderes Mädchen zu ihm hin. Wenn David, für den das alles nur ein Spiel war, lachend einem anderen Mädchen seine Aufmerksamkeit schenkte, funkelte es gefährlich in Agnes Augen.

Maria, Elisabeth und Anna zogen sich schon sehr bald ins Haus zurück. Die Schrecken der Flucht saßen ihnen noch zu sehr in den Gliedern, als dass sie ausgelassen hätten feiern können. Die Todesangst, die sie während der letzten Jahre immer wieder empfunden hatten, und der Hunger hatten bei ihnen tiefe Spuren hinterlassen, während die anderen die Schrecken des Krieges noch nicht aus eigener Anschauung kannten. Selbst jetzt, wo sie eigentlich genug zu essen und ein schönes Zuhause hatten, schnürte ihnen die Angst vor der Zukunft buchstäblich den Hals zu.

Nach dem Fest bekam David sehr häufig Besuch von jungen Damen, und am häufigsten kam Agnes. Sie ließ sich immer wieder alle möglichen Ausreden einfallen, warum sie gerade an diesem Tag auf dem Müllerschen Hof sein musste.

David machte sich einen Spaß daraus, aber Elisabeth war diese Agnes nicht ganz gcheuer. Sie warnte ihren Bruder vor ihr, doch er neckte sie nur und fragte, ob sie vielleicht eifersüchtig wäre.

An einem Morgen schlenderte David von dem Häuschen, in dem sie wohnten, hinüber zum Gutshof, als er hörte, wie eine weibliche Stimme seinen Namen rief. Er drehte sich um und sah Agnes auf sich zueilen.

Mit einem spitzbübischen Grinsen empfing er sie. Ihre Augen leuchteten ihn an und ihre Wangen waren vom Wind gerötet.

»David, ich soll dir eine Einladung von meinen Eltern überbringen! Sie geben heute Abend ein Essen, zu dem auch einige hochgestellte Persönlichkeiten erscheinen werden.«

Stolz betonte sie die »hochgestellten Persönlichkeiten«.

David schaute zuerst verblüfft, dann fragte er: »Und warum soll ich dann zu diesem Essen erscheinen?«

»Weil ich meine Eltern darum gebeten habe. Es kann doch nicht schaden, wenn man jemanden kennenlernt, der etwas zu sagen hat. Außerdem habe ich meine Eltern jetzt schon so neugierig auf dich gemacht, dass du unmöglich absagen kannst.« Trotzig schob sie das Kinn vor.

David wurde in diesem Augenblick zum ersten Mal bewusst, dass Agnes sich ernsthafte Hoffnungen auf ihn machte.

»Agnes, hör zu«, begann er, um Worte ringend. »Ich kann die Einladung deiner Eltern nicht annehmen. Ich möchte dir nicht weh tun, und das müsste ich, wenn wir diese Geschichte weiter laufen lassen. Ich bin noch nicht so weit, dass ich eine feste Verbindung zu einem Mädchen haben möchte. Und so lange Krieg ist, kann ich es nicht verantworten, eine Frau an mich zu binden. Es ist gewiss nur eine Frage von Wochen, bis ich wieder an die Front muss. Und außerdem: Für die Russen bin ich ein Überläufer, ein Verräter. Wenn ich ihnen in die Hände falle, machen sie kurzen Prozess mit mir. Es reicht, wenn meine Familie um mich bangen muss!«

»Ich würde auf dich warten!«, hauchte sie erwartungsvoll.

»Nein Agnes, ich kann dich nicht lieben und ich möchte nicht, dass du auf mich wartest!«

Zuerst schaute Agnes ihn verletzt an, aber als sie merkte, dass David es ernst meinte, wurde sie wütend.

»Na warte, du wirst es noch bereuen, mich so vor den Kopf gestoßen zu haben! Das wird dir noch leid tun, du Bastard!«, fauchte sie, drehte sich um und ging hoch erhobenen Hauptes vom Hof.

David stand noch eine Weile regungslos da.

Weihnachten stand vor der Tür. Es roch nach frisch gebackenen Plätzchen und Tannenzweigen. Jeder versuchte für den anderen eine Überraschung zum Weihnachtsfest zu finden.

Es war gar nicht so einfach, denn in den Geschäften gab es nicht mehr viel. Man musste schon sehr gute Beziehungen haben, um ein Parfüm, Kleidung oder auch einfach nur Pralinen oder Wein kaufen zu können. Nachdem es für Maria, Elisabeth, Anna und David unmöglich war, an diese Luxusgüter zu kommen, tat Katharina ihr Bestes, für jeden etwas zu besorgen.

Hildegard half ihr dabei. Sie ließ ihre Freundin Christiane alle Dinge besorgen, die ihr gerade so einfielen. Christiane warb seit Jahren um Hildegards Freundschaft. Sie war die Tochter eines höheren SS-Führers und verfügte damit über die nötigen Beziehungen, um all das zu besorgen, was außer Hildegard und einigen wenigen Braunschweiger Familien ohnehin niemand bezahlen konnte. So fühlte sie sich sehr geehrt, dass Hildegard sie brauchte und versuchte, alles möglich zu machen.

»Christiane, wie hast du denn das geschafft!« staunte Hildegard, als diese den Inhalt ihrer großen Tasche vor ihr ausbreitete.

»So ein tolles Parfüm habe ich ja noch nie gehabt! Kannst du mir davon mehr beschaffen? Ich brauche noch eins für meine Mutter und ein Parfüm für Katharina. Die wird Augen machen! Ach, und eines noch für Katharinas Mutter. Ich fahre Weihnachten sicher auch einmal nach Pritzwalk. Das wäre wirklich schön, Christiane!« Sie umarmte ihre Freundin und fühlte sich ihr zum ersten Mal wirklich verbunden.

Christiane gab es jedes Mal einen Stich, wenn Hildegard so von Katharina schwärmte. Was fand sie nur an dieser mittellosen Russlanddeutschen? Katharina konnte ihr, Christiane, gesellschaftlich doch überhaupt nicht das Wasser reichen. Leute, über die ihr Vater seine schützende Hand hielt, konnten sich auch im Dritten Reich ziemlich sicher fühlen. Aber dennoch wurde ihr Katharina immer vorgezogen. Christiane hoffte, dass sich das ändern würde, wenn sie ihre Beziehungen spielen ließ. Dann würde Hildegard schon einsehen, dass sie ihr viel mehr bieten konnte als Katharina.

Von derlei Gedanken ahnte Hildegard jedoch nichts. Sie war Christiane sehr dankbar für das Parfüm, verschwendete jedoch sonst kaum einen Gedanken an sie.

Maria saß jeden Abend am warmen Ofen und strickte für alle etwas Brauchbares. Warme Socken und Schals für ihren David und für Heinrich Müller und für ihre drei Töchter, für Hildegard und für Else aus einem feinen Wollgarn Mützen mit dazu passenden Schals. Das Material dazu hatte sich im Gutshaus unter den Hinterlassenschaften der verstorbenen Frau des Hausherrn gefunden, und der hatte es Maria großzügig überlassen.

Elisabeth, Anna, Katharina und David hatten ihre Ersparnisse zusammengelegt und für ihre Mutter einen warmen Mantel gekauft.

Katharina konnte natürlich die besten Dinge vorweisen: Lippenstifte, Handspiegel und einen wunderschönen Kamm, Haarspangen und Handschuhe aus einem himmlisch weichen Leder, und vieles mehr.

Sie standen um den festlich geschmückten Tannenbaum und sangen gemeinsam wie in alten Zeiten »Stille Nacht, heilige Nacht«.

Maria dachte an ihren längst verstorbenen Mann und an die Söhne, die im Krieg für ihr Vaterland gefallen waren. Sie betete im Stillen, dass der Krieg doch bald zu Ende gehen sollte, damit sie David und Johann behalten konnte.

Als die Geschenke dann verteilt wurden, blieb niemand auf dem Sofa sitzen. Es gab freudige Aufschreie, Umarmungen und Tränen der Freude. Das größte Geschenk jedoch hatte Else für Maria, Elisabeth und Anna mitgebracht. Als Maria den großen Umschlag öffnete, glaubte sie ihren Augen nicht zu trauen. Es war die Einbürgerungsurkunde. Sie waren nun anerkannte deutsche Staatsbürger. Maria stand auf und umarmte Else.

»Else, Sie haben mir das wirklich schönste und größte Weihnachtsgeschenk gemacht, das ich jemals bekommen habe!«

»Jetzt ist es amtlich und es kann euch nichts mehr passieren!«, sagte Else gerührt. Sie erzählte Elisabeth nicht, wie viel Mühe und Zeit es gebraucht hatte, um die zuständigen Behörden von der Notwendigkeit dieser Maßnahme zu überzeugen. Denn in Kriegszeiten war natürlich die vorgeschriebene Ahnenforschung in der Sowjetunion nie zu leisten. Erst der nachdrückliche Hinweis, dass Maria Bergan zwei ihrer Söhne im Dienst der Deutschen Wehrmacht verloren hatte, bewog die zuständigen Beamten schließlich, ihre Stempel auf das Dokument zu drücken.

Gregor, Greta und Marianne saßen still am festlich gedeckten Tisch. Es lag nicht nur an der dünnen Krautsuppe, dass keine rechte Weihnachtsstimmung aufkommen wollte. Denn alle drei dachten an ihre Mutter, die jetzt in einem Gefangenenlager in Sibirien unter unmenschlichen Bedingungen arbeiten, ja dahin vegetieren musste.

Gregor hatte in der Stadt ein paar Bonbons für seine Schwestern erstanden. Obwohl sie sich sehr darüber gefreut hatten, da es sonst nie solche Leckereien gab, wollte die Traurigkeit nicht verfliegen. Als die Kerzen herunter gebrannt waren, umarmten sie sich und wünschten sich eine gute Nacht.

Als Gregor am nächsten Tag wieder zum Arbeiten ins Kohlenbergwerk gehen wollte, wurde er verhaftet. Er wehrte sich nicht, denn es war zwecklos. Die Milizionäre schlugen auf ihn ein, dann fesselten sie ihn und brachten ihn zum Abtransport in ein Arbeitslager im Ural.

Während er mit vielen anderen Menschen zusammengepfercht in einem Güterwaggon saß, ergriff ihn eine tiefe Verzweiflung, gegen die er nicht länger ankämpfen konnte. Er konnte nicht mehr aufhören zu weinen. Er war am Boden zerstört, als er die Baracken sah, in denen er jetzt wieder leben sollte.

Zeit zum Nachdenken hatte er nicht. Er musste gleich hinaus in den Wald. Sein Job war es, im tiefen Schnee Karagannik zu hacken. Er hatte für die Wetterverhältnisse äußerst wenig an. Er band sich Lumpen um den Kopf und um die Hände, um der eisigen Kälte zu trotzen. Völlig durchnässt mit zitternden Knien und halb verhungert wurde er am Abend wieder in die Baracke gebracht.

Sie schliefen zu zehnt in einer unglaublich kleinen Zelle. Harte Matten, die auf dem kalten, nur zementierten Boden lagen, dienten den Häftlingen als Bett. Gregor schlief in der gleichen durchnässten Kleidung, in der er tagsüber arbeiten musste. Denn wer seine Kleider zum Trocknen aufhängte, fand sie nie wieder.

Eines Nachts wachte Gregor von einem kratzenden Geräusch auf. Als er die Augen öffnete, blickte er geradewegs in die Augen einer Ratte. Mit einem Schrei sprang er auf. Ein ungeheurer Ekel überkam ihn.

Die anderen Häftlinge hatten sich schon längst an die Ratten gewöhnt und fühlten sich durch ihn gestört.

»Sei endlich ruhig, sonst überlebst du die Nacht nicht!«, schrie einer am gegenüberliegenden Ende seiner Zelle.

Gregor fand sehr bald heraus, dass die eigentliche Gefahr nicht von den Wärtern, sondern von den selbst ernannten Häuptlingen in der Zelle ausging. Er selbst hatte schon seit drei Tagen nur dünne Suppe gegessen, weil ihm der Häuptling seiner Zelle seine Brotration weggenommen hatte. Er war nur noch Haut und Knochen und dazu kam diese eiskalte Nässe. Er wurde gar nicht mehr warm.

Eines Morgens konnte er nicht mehr aufstehen. Er träumte wirres Zeug, und er hörte sich laut betteln, dass sie ihn am Leben lassen sollten. Gregor konnte gar nicht richtig wach werden, obwohl er die Augen aufriss. Irgendwann fühlte er, wie er hochgehoben und weggetragen wurde.

»Jetzt ist es aus mit dir«, dachte er. »Sie bringen dich in den Wald und verscharren dich wie einen räudigen Köter!«

Sein letzter Gedanke galt seiner Mutter: Er sah sie im Gefangenenlager, wie sie am hohen Drahtzaun stand und sehnsüchtig in die Freiheit sah. Dann wurde es dunkel um ihn herum.

Irgendwann hörte er Stimmen und versuchte sie zu deuten. Doch er schlief gleich wieder ein. Als er das nächste Mal erwachte, konnte er schon klar und deutlich hören, wie der Arzt zum Krankenpfleger sagte: »Diese drei werden demnächst sterben, um die braucht ihr euch nicht mehr zu kümmern. Der Junge hat Typhus und wird unter diesen Umständen kaum überleben.«

Gregor spührte, dass sie an sein Bett traten. Er wollte die Augen aufmachen und sagen: »Helft mir, ich lebe noch!« Aber schon nahm ihn wieder die Dunkelheit gefangen.

Zwischen seinen Fieberkrämpfen hatte er immer wieder lichte Augenblicke, in denen sein Überlebenswille neu erwachte. Dabei konnte er erkennen, dass die anderen beiden todkranken Insassen schon nicht mehr da waren.

Gregor merkte , dass er immer schwächer und schwächer wurde. Als er wieder einmal aufwachte, standen der Arzt und der Pfleger in der Nähe seines Bettes, und er hörte den Arzt leise sagen: »In dieser Nacht wird es sich bei Gregor entscheiden. Wenn er die Nacht überlebt, dann werden wir ihn aufpäppeln. Aber die Chancen stehen sehr schlecht für ihn. Ich bin mir eigentlich sicher, dass er stirbt, aber er hat länger durchgehalten, als ich es für möglich gehalten hätte.

Als sie aus dem Zimmer gegangen waren, kämpfte Gregor verzweifelt gegen die Dunkelheit an. Er merkte, wie sein Körper wieder anfing zu zittern und ihm der Schweiß aus allen Poren kam. Aber er wollte wach bleiben. Er wollte leben. Leben!

In seiner Verzweiflung versuchte er zu beten. Er glaubte, dass es einen Gott gab, aber es war schon so lange her, dass er das letzte Mal gebetet hatte. Krampfhaft versuchte er sich an das Gute-Nacht-Gebet seiner Kindheit zu erinnern und formte langsam, aber immer sicherer die Worte:

> Christi Blut und Gerechtigkeit,
> das ist mein Schmuck und Ehrenkleid.
> Damit will ich vor Gott bestehn,
> wenn ich zum Himmel werd eingehn.
> Amen.

Als er das Gebet seiner Kindheit wiedergefunden hatte, betete er es noch einmal aus tiefstem Herzen und schloss mit den Worten: »Bitte lieber Gott, hilf mir! Wenn ich das hier überlebe, will ich mein Leben mit dir leben. Ich werde mich ändern, ich verspreche es dir!«

Dann schlief er ein. Gregor schlief vierundzwanzig Stunden durch, und mit jeder Stunde wich das Fieber.

Als er aufwachte, beugte sich der Arzt über ihn und sagte: »Nicht schlecht, mein Junge! Das hätten wir dir nicht zugetraut!«

Zum Pfleger gewandt sagte er: »Bring ihm etwas zu trinken. Anschließend flößt du ihm stündlich etwas heiße Brühe ein, aber von der guten! Gib ihm die nächsten drei Tage jeden Tag ein wenig mehr. Danach schaut sein Speiseplan so aus: Er bekommt täglich 700 g Brot, 1 Eßlöffel Zucker, 20 g Butter, ein Schälchen Suppe und ein Schälchen Kascha (dickflüssige Grütze). In zwei Tagen schaue ich wieder vorbei. Und tragt ihn endlich aus diesem Sterbezimmer heraus!«

Der Krankenpfleger notierte sich eifrig die Anweisungen des Arztes, dann lächelte er Gregor zu und verließ das Zimmer, um kurz darauf mit einem Glas Wasser und einem Schälchen duftender Brühe wiederzukommen. Gregors Magen zog sich vor Hunger zusammen. Er war zu schwach, den Kopf anzuheben. Doch der Pfleger half ihm fürsorglich.

»Ich heiße Sascha und werde mich in nächster Zeit ein wenig um dich kümmern, damit du wieder auf die Beine kommst.«

Er gab Gregor einen Löffel voll Brühe. Gierig schlürfte er sie vom Löffel. Gregor glaubte zu spüren, wie die Nahrung die Speiseröhre hinunter in seinen Magen lief. Wohlige Wärme breitete sich in seinem Körper aus.

Gregor schloss die Augen. Es war sehr anstrengend, aber es ging ihm gut. Er fühlte sich schon fast ein wenig glücklich, und bevor er einschlief, dankte er Gott für sein Überleben.

Er erwachte von lautem Gepolter. Sascha hatte die Trage, mit der sie ihn in sein neues Krankenzimmer bringen wollten, fallen lassen und musste nun die Zurechtweisung seines Kollegen über sich ergehen lassen.

Sie trugen Gregor in ein helles, freundliches Zimmer. Das Bett war im Vergleich zu der Pritsche sehr weich und tat seinem wunden Körper gut.

Tag für Tag brachte Sascha ihm die verordnete Nahrung. Es ging Gregor immer besser. Langsam lernte er wieder zu gehen. Der Arzt nickte bei jeder seiner Kontrollen zufrieden über Gregors Fortschritte.

Nach zwei Monaten war Gregor wieder so gut bei Kräften, dass er zurück zu seiner Arbeitsbrigade sollte.

Angst stieg in ihm auf, aber jetzt musste er wenigstens nicht mehr im tiefen Schnee Holz hacken. Mit diesem Gedanken versuchte er sich selbst zu beruhigen.

Denn der Frühling brach herein, und das hieß, dass im Straflager von nun an Ziegelsteine gefertigt wurden. Als Gregor wieder zu seiner Baracke geführt wurde, begann der Häuptling zu johlen, und die anderen stimmten mit ein. Es sollte allerdings keine freundliche Begrüßung sein, sondern blanke Häme. Besonders der »Stubenhäuptling« schien froh, wieder ein Opfer für seine sadistischen Neigungen gefunden zu haben. Als er drohend auf Gregor zuging, sagte ein alter Mann, der seinem Aussehen und seinem Benehmen nach weit bessere Tage gesehen hatte: »Komm, Pjotr, lass doch den armen Jungen in Ruhe.«

Der ganze Zorn des Häuptlings traf nun den alten Mann. Der zeigte jedoch keine Regung, was den Häuptling nur noch rasender machte. Am nächsten Morgen lag der alte Mann mit durchgeschnittener Kehle auf seiner Schlafmatte.

Der Frühling ließ auf dem Müllerschen Hof den Vorgarten in leuchtenden Farben erblühen. Gelbe Narzissen und Tulpen in allen Schattierungen verströmten ihren Duft. Die Tage vergingen ohne besondere Ereignisse. Nur die von fanatischen Durchhalteparolen ergänzten Nachrichten, dass die Rote Armee unaufhaltsam auf Berlin vorrückte, trübte bei Maria, Elisabeth und Anna die Frühlingslaune.

Vor allem hatten sie Angst um David und Johann. Jeden Morgen und jeden Abend versammelten sie sich vor dem Radio, um die neuesten Nachrichten zu hören, und was sie hörten, klang mehr als beängstigend. Die deutsche Wehrmacht war offenbar nicht mehr in der Lage, wirkungsvoll Widerstand zu leisten.

Elisabeth und Anna hatten furchtbare Angst vor den Bombergeschwadern, die mit dem Vorrücken der Westalliierten nun auch diese Gegend überflogen. Im Februar hatten sie Dresden vernichtet. Dies hatte bewiesen, dass ihnen nun auch die östlichen Gebiete Deutschlands schutzlos ausgeliefert waren.

Wenn sie gerade auf dem Feld arbeiteten und die Bomber im Anflug waren, warfen sie sich einfach flach auf den Boden. Es dauerte eine Weile, ehe sie begriffen, dass die Bombergeschwader nur größere Städte angriffen, während für die Landbevölkerung die immer häufiger auftauchenden Tiefflieger die eigentliche Gefahr darstellten, weil sie mit ihren Bordwaffen auf alles schossen, was sich auf der Erde bewegte.

An einem Morgen im März 1945 kamen sie schon sehr früh. Elisabeth und Anna verteilten gerade das Saatgut an die anderen Feldarbeiterinnen, als im Westen zwei dunkle Punkte am Himmel auftauchten, die rasend schnell näherkamen. Elisabeth schrie auf. Alle Arbeiterinnen ließen ihr Werkzeug fallen und warfen sich auf den Boden. Es war keine Sekunde zu früh, denn schon pflügten die Geschossgarben durch das Feld. Es war ein ungeheurer Lärm. Mit markerschütterndem Wiehern brachen die vor den Pflug des Müllerschen Hofes gespannten Pferde zusammen.

Die Tiefflieger verschwanden so schnell, wie sie gekommen waren. Trotzdem dauerte es eine geraume Zeit, ehe die erste der Frauen es wagte, den Kopf zu heben. Nach und nach erhoben sie sich vom Boden.

Als sich die Aufregung gelegt hatte, sah Elisabeth eine Gestalt reglos am Boden liegen. Es war eine der Mägde des Müllerschen Hofes, die mit aufs Feld gekommen war.

»Oh nein! Karoline!«, rief sie und lief so schnell sie konnte zu der Reglosen. Schon aus der Distanz sah sie, dass das Kleid der Magd am Rücken blutgetränkt war.

»Sie hat sich nicht auf den Boden geworfen, sondern ist losgerannt, als die Flieger kamen.«, schluchzte Elke, ihre beste Freundin.

Sie legten die Verwundete auf eine Decke und trugen sie gemeinsam zum Gutshof. Heinrich kümmerte sich sofort um Karoline, aber sie atmete nicht mehr.

An diesem Tag brauchten sie nicht mehr auf dem Feld zu arbeiten. Lediglich die Kadaver der zusammengeschossenen Pferde wurden geborgen und die Reste des zertrümmerten Pfluges.

Es blieb nicht aus, dass Maria einen weiteren Sohn verlor: David. Anfang April überbrachte ein Bote die Nachricht, dass der Gefreite David Bergan in der blutigen Abwehrschlacht um die Seelower Höhen gefallen war.

Maria zog sich zurück und redete mehrere Tage kein einziges Wort. Sie haderte mit ihrem Schicksal. Drei Söhne hatte der sinnlose Krieg ihr genommen, und auch um das Leben des vierten musste sie weiter bangen. Sie aß kaum noch etwas und ließ niemanden an sich heran.

Als am 8. Mai der Krieg zu Ende war, herrschte trotz der Niederlage auch in Deutschland große Erleichterung. Es gab kaum eine Familie, die das große Morden verschont hatte, und viele, besonders die Bewohner der großen Städte, hatten alles verloren.

Im Laufe des Monats Mai kam jedoch die Schreckensnachricht, dass die aus Russland geflohenen, deutschstämmigen Bürger wieder zurück müssten. Wer sich dagegen zur Wehr setze, werde verhaftet und gewaltsam nach Russland gebracht. Und wer Flüchtlinge verstecke, müsse mit strengen Strafen rechnen.

Blass und ängstlich saßen Maria, Elisabeth und Anna am Tisch in Heinrich Müllers guter Stube.

»Es kommt gar nicht in Frage, dass ich euch wieder hergebe! Ich werde euch solange verstecken, bis die Russen wieder abgezogen sind. Danach kräht kein Hahn mehr nach euch!«

In diesem Moment stürzte Else Müller keuchend zur Tür herein.

»Ich bin so schnell es ging zu euch gekommen!« Besorgt sah sie in die ängstlichen Gesichter der drei Frauen.

»Ihr bleibt auf jeden Fall hier! Ich habe mich schon erkundigt, ob eine Ausnahme gemacht wird, weil ihr hier schon eingebürgert seid. Aber leider hilft euch das nichts. Die Russen bestehen darauf, dass alle Flüchtlinge zurück müssen.«

Heinrich Müller überlegte fieberhaft, wie und wo er Maria und ihre Töchter am Besten würde verstecken können.

Beim Abendessen sagte er: »Maria, ich habe eine kleine Hütte am Waldrand, die werden wir schnell herrichten. Ihr könnt euch dort solange verstecken, bis die Gefahr vorüber ist, nach Russland verschleppt zu werden!«

Maria wollte Heinrich nicht in Schwierigkeiten bringen, aber sie wusste auch nicht, was sie sonst tun sollten, und so machten sie sich noch am selben Abend an die Arbeit, die Hütte wohnlich herzurichten.

Pritzwalk, Juni 1945

Else Müller sortierte gerade auf ihrem Schreibtisch die eingegangenen Briefe, als es laut an ihre Bürotür klopfte.

»Ja bitte«, rief sie, als auch schon zwei russische Offiziere mit einem Übersetzer hereinplatzten.

»Guten Tag, gnädige Frau«, grüßte dieser höflich, »wie Sie sicher schon gehört haben, sind wir auf der Suche nach russischen Flüchtlingen.« Else Müller wurde eine Spur blasser, ließ sich jedoch sonst nichts anmerken.

»Mir ist nicht bekannt, dass sich in Pritzwalk noch irgendwelche Flüchtlinge aufhalten!«, erklärte Else bestimmt.

»Natürlich gibt es in Pritzwalk Flüchtlinge.«, erwiderte der Übersetzer höflich, und kramte aus seiner Tasche ein abgegriffenes Buch.

»Hier haben sich die Flüchtlinge beim ersten Kontakt mit deutschen Behörden eintragen lassen, und ich habe hier einige Namen von Personen, die nach Pritzwalk ziehen wollten. Also holen Sie bitte ihre Akten zur Einsichtnahme, dann sind wir auch gleich wieder verschwunden.«

Um seiner Forderung Nachdruck zu verleihen, zog er sich einen Stuhl heran, setzte sich auf die andere Seite des Schreibtisches und starrte Else herausfordernd an.

Die versuchte Zeit zu gewinnen:

»So schnell geht das leider nicht. Wir vereinbaren am Besten einen Termin, an dem Sie wiederkommen können. Bis dahin werde ich mich ausreichend informiert haben, um Ihnen weiterzuhelfen.«

Der Übersetzer lachte spöttisch: »Das kennen wir schon. Und wenn wir Ihnen den Rücken kehren, warnen Sie die Leute. Nein, nein, wir warten lieber, bis Sie ihre Akten beisammen haben.«

Else überlegte fieberhaft, wie sie die Situation retten konnte, während die drei Männer sich Stühle zu ihrem Schreibtisch zogen und Platz nahmen, um zu demonstrieren, dass sie ohne die gewünschte Auskunft nicht gehen würden. Sie klemmte sich eine Mappe unter den Arm und verließ mit einer kurzen Entschuldigung ihr Büro.

Kaum hatte sie die Tür hinter sich geschlossen, rannte sie auf Strümpfen zu einem leer stehenden Büro, sperrte hinter sich die Türe ab und eilte zum Telefon.

»Eine Verbindung zu Heinrich Müller bitte, aber beeilen Sie sich!« Ungeduldig trommelte sie mit der Fingern auf den Schreibtisch.

»Hallo«, meldete sich die Stimme ihres Onkels.

»Hallo Onkel, sie sind schon hier. Die drei sollen sich sofort verstecken. Sie werden bei dir vorbeischauen. Denk dir bitte schon etwas Passendes aus! Ich muss jetzt Schluss machen. Ich melde mich nachher bei dir!«

Schon hatte sie aufgelegt und eilte aus dem Zimmer.

Heinrich Müller stand verdutzt neben dem Telefon. So schnell hatte er die Russen nicht erwartet. Jetzt nur keinen Fehler machen! In Gedanken legte er sich die Geschichte zurecht, die er den Russen auftischen wollte. Er machte sich auf den Weg zum Verwalterhaus, in dem die drei Frauen gewohnt hatten. Alles war in Ordnung, das Haus war leer. Dann schwang er sich auf sein Fahrrad und fuhr zu der Hütte am Waldrand.

Ängstlich öffnete Maria die Tür, und Heinrich Müller trat schnell ein.

»Die Russen werden doch schon schneller bei uns vorbeikommen, als wir geglaubt haben. Also verhaltet euch ruhig und bleibt bitte in der Hütte. Ich gebe euch Bescheid, wenn die Luft rein ist!«

»Danke, Heinrich! Ich weiß gar nicht, wie ich Ihnen danken soll! Und wenn sie uns doch noch finden, werden wir angeben, dass Sie uns vom Hof gejagt haben. Sie haben uns diese Hütte nicht zur Verfügung gestellt. Wir haben uns hier einfach eingenistet. Sie dürfen nichts riskieren. Denken Sie daran!«

Heinrich umarmte Maria und wischte sich verstohlen mit seinem Ärmel die Tränen weg.

»Es wird schon gut gehen!«, sagte er und versuchte Zuversicht auszustrahlen.

Else huschte über den Flur zum Zimmer ihres Vorgesetzten, klopfte kurz an und trat ein.

»Herr Greiner, in meinem Büro sind zwei russische Offiziere und wollen Auskünfte über die Flüchtlinge, die in Pritzwalk aufgenommen wurden!«, sprudelte es aus ihr heraus. »Es kann ja wohl nicht angehen, dass wir Flüchtlinge erst einbürgern und sie dann eiskalt wieder den Russen ausliefern!«, setzte sie empört hinzu, als Herr Greiner keine Gefühlsregung zeigte.

»Mein liebes Fräulein Else!«, begann er in ironischem Ton. »Wie Ihnen sicher bekannt ist, haben wir den Krieg verloren. Die Amerikaner und die Russen haben sich nun einmal darauf geeinigt, dass die Russen ihre Flüchtlinge wieder einfangen dürfen. Was soll ich dagegen unternehmen? Wenn es Ihnen um diese drei Frauen geht, die bei Ihrem Onkel untergebracht sind, dann warnen Sie sie! Sie sollen sich schnellstmöglich aus dem Staub machen, sonst bekommt Ihr Onkel auch noch Ärger mit der Besatzungsmacht. Das Beste wäre, sie laufen zu den Amerikanern und lassen sich nach Amerika mitnehmen. Hier bei uns sind sie nicht mehr in Sicherheit!«

Er lehnte sich in den weichen Lederstuhl zurück und kreuzte seine Arme über der Brust.

»Ich kann das alles nicht begreifen«, schimpfte Else. »Erst machen wir uns die Mühe und gliedern sie hier in Deutschland ein, und dann werden sie mit einem Schulterzucken ihren jahrelangen Peinigern wieder ausgeliefert.«

»Tja, Fräulein Else, so ist das Leben nun einmal. Übrigens, was machen Sie heute Abend?«

Böse blitzte Else Müller den Beamten an: »Ich werde mir Gedanken machen, wie ich diese abscheuliche Auslieferung der uns anvertrauten Flüchtlingen verhindern kann!« Sprachs und verschwand aus seinem Büro.

Kurz darauf klopfte sie bei der Sekretärin des Bürgermeisters von Pritzwalk. Sie trat ein und fragte, ob der Bürgermeister für sie kurz zu sprechen sei. Es wäre sehr dringend.

»Nein, es tut mir leid, er ist außer Haus. Kann ich ihm etwas ausrichten?«, fragte die Frau mit unverhohlener Neugier.

»Nein danke, ich versuche es dann lieber morgen noch einmal.«

Jetzt ließ sie sich Zeit. Langsam ging sie den schmalen Flur entlang und überlegte, wie sie die Übergabe der

Unterlagen hinausschieben konnte. So einfach würde sie es ihnen nicht machen.

Sie ging zur Registratur, zog sich die verräterische Akte, versteckte sie unter ihrer Jacke und ging nach Hause. Die einzige Möglichkeit war, diese Akte zu vernichten, und zwar so schnell wie möglich. Mit den Konsequenzen konnte sie sicher besser leben als mit dem Verrat der armen Menschen.

Als sie vor ihrer Haustür beim Aufsperren den Schlüssel fallenließ und sich bückte, um ihn hochzuheben, sah sie hinter sich am Boden zwei Paar schwarze, glatt polierte Lederstiefel.

Ihr wurde ganz heiß vor Angst. Wie hatten sie sie so schnell finden können? Langsam richtete sie sich wieder auf und tat so als hätte sie die Männer nicht gesehen. Mit zitternden Fingern sperrte sie die Haustür auf. Blitzschnell zwängte sie sich durch den offenen Türspalt und schlug mit aller Kraft die Tür hinter sich zu.

Die russischen Soldaten fluchten laut und schrien, sie solle sofort die Tür öffnen.

Else stürmte die Treppe hinauf, ohne sich noch einmal umzudrehen.

Außer Atem kam sie in ihrer Wohnung an. Als sie ihre Tür endlich aufgesperrt hatte, hörte sie, wie unten gegen die Haustür getreten wurde. Schnell lief sie in ihr Schlafzimmer. Schnell ließ sie Rock und Kostümjacke fallen, steckte sich die gefährliche Akte am Rücken in den Büstenhalter, schlüpfte in fieberhafter Eile in Hosen und Pullover und rannte zum Balkon. Unten war niemand zu sehen.

Sie öffnete die Balkontür und trat an die Brüstung. Die Luft war rein.

Als sie mit einem Bein schon über der Brüstung hing, hörte sie, wie unten die Haustür eingetreten wurde. Else versuchte mit den Fußspitzen die Feuerleiter zu erreichen. Als ihr rechter Fuß sie endlich berührte und sie den linken Fuß nachziehen wollte, rutschte sie ab. Im letzten Moment konnte sie sich an der Regenwasserrinne festhalten. Sie schrammte sich das ganze Gesicht blutig, aber darauf achtete sie nicht. So schnell sie konnte, kletterte sie nun die Feuerleiter runter und sprang das letzte Stück einfach auf den weichen Rasen.

Als sie sich aufrichten wollte, wurde sie grob an den Schultern gepackt, und eine tiefe Stimme rief in gebrochenem Deutsch: »Jetzt wir haben sie!«

Else versuchte sich loszureißen, aber der Soldat hielt sie mit eisernem Griff fest. Kurze Zeit später war auch der andere Soldat da. Sie schoben sie zu einem schwarzen Auto und zwangen sie, dort einzusteigen.

Else spürte die Akte an ihrem Rücken. So schnell würde sie nicht aufgeben.

Familie Wagner saß zusammen mit Katharina um den für das Abendbrot gedeckten Tisch. Niemand hatte so recht Appetit, und das, was auf dem Tisch stand, Kartoffeln mit Salz und ein wenig gekochtes Kraut, war auch nicht dazu angetan, den Appetit zu wecken, obwohl eigentlich alle großen Hunger hatten. Denn die guten Beziehungen, die Gustav Wagner zu den Großen des Dritten Reiches gepflegt hatte, halfen nun nichts mehr. In seinen Betrieben standen die Räder still, und man lebte von dem, was in Küche und Keller noch zu finden war. Katharina war blass, ihre Augen gerötet und mit dunklen Ringen umrandet.

»Wir wollen nicht, dass du gehst, Katharina! Deine Familie versteckt sich in Pritzwalk, und dich können wir hier bei uns verstecken. Es wäre wirklich unvernünftig, jetzt zu reisen. Die alliierten Soldaten stehen an jeder Ecke. Du hast keine Chance, an den vielen Kontrollen vorbeizukommen. Es wäre Wahnsinn!«, redete Gustav Wagner auf Katharina ein. »Wir richten dir die kleine Kammer im Dachgeschoss her. Dort musst du dich allerdings ruhig verhalten, weil wir den Hausangestellten erzählen werden, dass du abgereist bist. Es muss unter uns bleiben, dass du noch im Haus bist.« Bei diesen Worten sah er streng zu seiner Tochter Hildegard deren Tratschsucht gefürchtet war.

Katharina startete noch einen letzten halbherzigen Versuch: »Ich will euch nicht in Schwierigkeiten bringen und wäre jetzt so gern bei meiner Familie!« Sie weinte nun haltlos.

Hermine Wagner nahm sie in den Arm.

»Es muss sehr schlimm für dich sein, deine Familie schon wieder aus den Augen zu verlieren. Aber es ist wirklich das Beste für dich, wenn du hierbleibst! Um uns brauchst du dir wirklich keine Gedanken zu machen. Wenn alle schweigen, wird es nicht herauskommen, dass du da bist. Wir sind hier nicht in der russischen Besatzungszone. Deshalb wird man hier gewiss nicht so intensiv nach Russlandflüchtlingen suchen. Jetzt müssen wir schauen, dass wir oben ein Zimmer für dich herrichten. Je schneller du von der Bildfläche verschwunden bist, desto besser. In diesen unsicheren Verhältnissen kann man nie wissen, was morgen passiert.«

Else wusste nicht mehr, wo sie sich befand. Sie hatte auch kein Zeitgefühl mehr, aber zwei Stunden waren sie jetzt bestimmt schon unterwegs gewesen.

In der Dunkelheit konnte sie nicht erkennen, wohin man sie brachte. Ihr Herz blieb fast stehen, als der Wagen plötzlich bremste. Sie standen vor einem grauen Gebäude, das sie noch nie gesehen hatte.

Unsanft wurde sie aus dem Wagen gezerrt und die Stufen hinauf zum Eingang geschoben. Drinnen wimmelte es nur so von russischen Soldaten. Sie wurde in ein Zimmer gebracht, in dem auch eine Frau anwesend war. Nachdem sich ihre Peiniger mit der Frau auf russisch unterhalten hatten, trat diese auf sie zu und sagte in fehlerfreiem Deutsch: »Wo ist die Akte mit den Namen der Landesverräter? Warum gehen Sie dieses unnötige Risiko ein?«

»Es ist nicht unnötig, schutzlose Menschen zu unterstützen!«, erwiderte Else mit vorgestrecktem Kinn. Sofort wurde von den Soldaten der Griff verstärkt.

»Sie haben offensichtlich keine Ahnung, in welche Lage sie sich da gebracht haben!«, sagte die Frau mit eisiger Stimme. »Sie können uns jetzt sagen, wo die Akte ist, und wir werden Sie laufen lassen, obwohl Sie sich strafbar gemacht haben, oder ...«

Die kalten Augen dieser Frau sprachen Bände, und Else fühlte, wie eine furchtbare Angst in ihr aufstieg, aber ihre Wut war noch größer, wenn sie daran dachte, was diese Menschen Maria, Elisabeth und Anna antun wollten. Stumm und bebend vor Wut und Angst, hielt sie dem Blick der Frau stand.

»Gut, Sie wollen es nicht anders!«, sagte sie mit einem gleichgültigen Schulter zucken. Sie gab den Soldaten einen Wink, worauf diese sie grob packten und aus dem Zimmer schoben. Jetzt wurde sie in ein anderes Zimmer gebracht, das in ein »Behandlungszimmer« umfunktioniert worden war. Die Frau betrat nach ihnen den Raum und befahl den Soldaten, vor der Tür zu warten.

»Fluchtgedanken wären sinnlos, wie Sie sehen. Ziehen Sie sich bitte aus«, sagte sie kalt.

Else überlegte fieberhaft, wie sie aus diesem Zimmer entfliehen konnte. Die Fenster waren von außen vergittert, also kam nur die Tür zum Gang in Frage. Nein, es war hoffnungslos. Als sie so dastand und keine Anstalten machte, sich auszuziehen, sagte die Frau mit einem hämischen Grinsen: »Soll ich die Posten hereinrufen, damit sie ihnen helfen?«

Langsam zog Else ihre Schuhe aus. Wenn sie den Pullover ausziehen würde, würde man die Akte entdecken, die sie in den Büstenhalter gesteckt hatte.

Ach hätte sie sie lieber in der Wohnung versteckt, dachte sie verzweifelt. Die Frau beobachtete jede ihrer

Bewegungen ganz genau. Natürlich fand sie die Akte sofort und nahm sie an sich.

»Warum nicht gleich?«, sagte sie und brachte die Akte zu den wartenden Soldaten.

Heinrich Müller versuchte den beiden russischen Offizieren, die an seine Tür geklopft hatten, so ruhig wie möglich gegenüberzutreten.

»Nein, es tut mir leid. Da kann ich Ihnen nicht weiterhelfen. Familie Bergan hat zwar ein paar Monate für mich gearbeitet, aber sie sind bereits vor einer Woche abgereist.«

»Wohin?«, fragte der eine Offizier, ein blonder Mann mit stahlblauen Augen.

»Ich weiß es wirklich nicht genau!«, erwiderte Heinrich, um Fassung ringend. »Aber sie wollten in den Westen, zu den Amerikanern, und nach Amerika auswandern.«

Da alle Flüchtlinge in den Westen flüchteten, hielt er es für eine gute Antwort.

Tatsächlich drehten sich die Soldaten um, als würden sie gehen. Dann zögerte der Soldat mit den stahlblauen Augen und meinte: »Wenn Sie nichts zu verbergen haben, können wir uns doch sicher in Ihrem Haus einmal umschauen.«

Heinrich bekam einen Schweißausbruch, als er die Tür weiter öffnete, um sie einzulassen.

Die Offiziere sahen in jedes Zimmer. Auch den Speicher und den Keller inspizierten sie genau. Dann wollten sie das Haus sehen, in dem Maria mit ihren Töchtern gewohnt hatte. Als sie auch da alles genaustens untersucht hatten, fragten sie nach den Stallungen und ob er sonst noch irgendwelche Gebäude auf seinem Grundstück hätte.

So zeigte ihnen Heinrich auch bereitwillig Scheunen und Stallungen, und sonst hätte er keine Unterschlupfmöglichkeiten, beteuerte er.

Es hatte sich in Pritzwalk herumgesprochen, dass die Russen alle Häuser der Stadt, vor allem aber die umliegenden Gehöfte nach Flüchtlingen durchsuchten. Die meisten der Anwohner sahen in den Besatzern noch den Feind und fühlten sich solidarisch mit den Flüchtlingen.

Es gab aber auch einige wenige, denen die Zuwanderer ein Dorn im Auge waren, und zu diesen gehörte Agnes. Sie hatte die Zurückweisung, die sie von David Bergan erfahren hatte, immer noch nicht verkraftet, und selbst die Nachricht von seinem Tod hatte sie nicht besänftigen können. So richteten sich ihre Wut und ihr Hass nunmehr auf seine Familie.

Sie kam gerade von einem Treffen mit Freundinnen, als sie die zwei russischen Soldaten vom Müllerschen Hof kommen sah. Diese Gelegenheit wollte sie nicht ungenutzt verstreichen lassen. Sie raffte ihre Röcke und ging direkt auf die Soldaten zu. Kalt lächelnd fragte sie, ob sie denn auf dem Müllerschen Hof fündig geworden seien. Die beiden Russen sahen sie verständnislos an.

Der Offizier mit den stahlblauen Augen begriff ihre Andeutung und fragte gleich zurück: »Nun, Sie werden uns in dieser Sache sicher gleich weiterhelfen können!« Nun zögerte Agnes doch einen kleinen Moment. Aber jetzt war es eh zu spät, einen Rückzieher zu machen.

»Tja, es gibt in unserer Gegend viele verborgene Hütten und Verschläge im Wald«, sagte sie kokett.

Der Soldat mit den schönen Augen würde ihr auch ganz gut gefallen, dachte sie sich. »Außerdem war er Offizier und damit ein einflussreicher Mann. Das konnte ihrem Vater helfen, den die Besatzer als Parteifunktionär ausfindig gemacht und verhaftet hatten.

»Jetzt muss ich mich aber beeilen, dass ich nach Hause komme«, sagte sie schnell, als sie in der Ferne jemanden auf sich zukommen sah. Es sollte nicht so aussehen, als ob sie mit den Besatzern gemeinsame Sache machte.

Sie wechselte wieder die Straßenseite und tat so, als hätte sie es allein der Russen wegen getan. Sie lächelte vor sich hin. Jetzt hatte sie die ihr zugefügte Schande gerächt.

So ein Zufall, dass sie bei einem Spaziergang Elisabeth in der Hütte verschwinden gesehen hatte. Sie hatte wegen des schändlichen Verrates nicht einmal ein schlechtes Gewissen.

Fröhlich und beschwingt legte sie den restlichen Heimweg zurück.

Elisabeth saß an dem kleinen Fenster in der Hütte und blickte wehmütig hinaus. Hier hätten sie ihr neues Leben aufbauen können. Vielleicht hätte sie die Möglichkeit bekommen, einen Schulabschluss nachzuholen und eine Ausbildung zu beginnen. Katharina wäre in ihrer Nähe. Es hätte alles so schön sein können.

Sie saß da und träumte vor sich hin, als sie im Haus Heinrich Müllers etwas aufblitzen sah. Das Haus war weit entfernt, doch sie hatte eindeutig etwas aufblitzen gesehen.

»Mama, Anna, schnell, schaut euch das an!«, rief sie aufgeregt.

Maria und Anna waren sofort zur Stelle.

»Da war es wieder! Und schon wieder!«, rief sie.

»Er will uns warnen. Es kann nur eine Warnung sein!«, sagte Maria. »Ganz ruhig bleiben. Wir dürfen jetzt keinen Fehler machen. Anna, du holst die Tasche, die wir für den Notfall gepackt haben. Elisabeth, du packst alles ein, was wir zu essen haben. Dann müssen wir alle unsere Sachen in das Loch schmeissen um keine Spuren zu hinterlassen. Schnell, beeilt euch.« Maria packte sich ihre drei Jacken. Die richtigen Schuhe hatten sie sowieso schon an.

Sie erledigten alles schnell und sorgfältig. Heinrich Müller sollte keinen Ärger bekommen.

Sie öffneten leise die Holztür. Heinrich hatte sie noch geölt, weil sie so geknarzt hatte. Es war niemand zu sehen. Hoffentlich hatten sie die Signale richtig gedeutet. Vorsichtig ging Elisabeth um das Haus herum.

»Oh Gott, da ist ein Jeep mit russischen Soldaten!«, rief sie leise.« Schnell in den Wald!«

Sie hatten alles schon zehnmal für den Ernstfall durchgesprochen, aber irgendwie ging es nicht schnell genug. Die Soldaten hatten sie gesehen. Sie hörten die Schreie hinter sich, aber sie liefen um ihr Leben. Ihr Vorteil war, dass sie den Wald kannten, aber die Soldaten waren schneller. Die Zweige peitschten ihnen ins Gesicht, Dornen zerrissen ihre Kleider, aber sie liefen quer durch den Wald, so schnell ihre Beine sie trugen.

Einmal stolperte Anna und drohte hinzufallen, aber sie fing sich schnell wieder und lief weiter. Sie überquerten einen Waldweg und tauchten ein in den dunkleren Teil des Waldes. Das Herz schlug ihnen bis zum Hals hinauf. Jedes Luft holen versetzte einen Stich in der Lunge, das schmerzhafte Stechen spürten sie im ganzen Körper, aber die Angst ließ sie immer schneller laufen.

Elisabeth, die voranlief, sah, dass die Soldaten immer näher kamen. Wir sind verloren. Sie legte noch an Geschwindigkeit zu. Doch sie merkte, dass ihre Mutter und Anna eher langsamer wurden. Panik brach in ihr aus. »Bitte, lauft doch weiter!«, schluchzte sie. Es konnte sie jedoch niemand mehr hören. Die Soldaten hatten Anna, die als letzte lief, und Maria schon gefangen.

»Lauf weiter!«, schrie ihr die Mutter zu. Schon wollte sie sich umdrehen und weiter laufen, doch dann blieb sie stehen und sagte außer Atem: »Nein, wir bleiben zusammen!«

Verzweifelt und am Ende ihrer Kräfte ging sie zur Mutter und zu Anna zurück. Sie umarmten sich, und Tränen der Verzweiflung rannen über ihre erhitzten Gesichter.

Elisabeth wandte sich mutig an die Soldaten und sagte: »Was wollt ihr von uns? Bitte lasst uns gehen! Wir gehören in dieses Land. Wir sind deutsche Staatsbürger. Wir haben doch niemandem etwas Böses getan. Wir wollen einfach nur hier bleiben, bitte!« Flehend sah Elisabeth von einem Soldaten zum anderen. Doch ihre Mienen verrieten keine Gefühlsregung.

»Befehl ist Befehl!«, sagte der Soldat mit den stahlblauen Augen und zeigte mit der Hand in die Richtung, in die sie nun gehen sollten.

Die beiden Offiziere mussten keine Gewalt anwenden. Sie gingen nun freiwillig mit.

Nach dem langen Fußmarsch durch den Wald, wurden sie im Jeep in ein Gefangenenlager in der Nähe von

Prenzlau gebracht. Das Gefangenenlager hatte zwar einen Stacheldrahtzaun, wurde jedoch nicht besonders streng bewacht. Man hatte ihnen einiges anzutun gedroht, wenn sie flüchten wollten, so dass alle Gefangenen so eingeschüchtert waren, dass niemand auf die Idee kam, ausbrechen zu wollen. Die schlimmste Drohung für Maria, Elisabeth und Anna war, dass sie im Falle eines Ausbruchs die gesamte Familie auseinander zerren würden, indem sie sie in alle Gefangenenlager Sibiriens aufteilen würden und dafür Sorge tragen, dass sie sich nie mehr wiedersehen werden. Das wollte niemand riskieren.

Sie schliefen im Gefangenenlager auf schmalen Pritschen und bekamen nur sehr wenig zu essen.

Mit der Zeit verschwanden alle Haustiere auf ganz mysteriöse Art und Weise. Zuerst der Hund des Oberst, dann die Katze des Offiziers. Eines Tages kam ein gefangener Flüchtling in die Baracke, wo auch Maria, Elisabeth und Anna untergebracht waren und erzählte ihnen unter vorgehaltener Hand, dass sie in der Nähe vom Lager ein verendetes Pferd gefunden haben.

Einer nach dem anderen schlich sich hin, um sich ein Stück Fleisch herauszuschneiden. Mit solchen Aktionen schafften sie es, dort zu überleben.

Maria machte sich sehr große Sorgen um Katharina. Sie hatten noch nicht einmal Abschied nehmen können. Der Wunsch, Katharina noch einmal in den Arm zu nehmen und noch einmal mit ihr zu reden, war überwältigend und ließ sie die Gefahr vergessen.

Als sie hörte, dass sie in zwei Wochen nach Stettin gebracht werden sollten, entschloss sie sich zu handeln.

»Elisabeth, Anna, ich muss zu Katharina gehen, um

ihr zu sagen, wo wir sind und wohin wir gebracht werden. Ihr müsst meine Unterschrift jeden Tag fälschen. Ich komme auf jeden Fall wieder hierher zurück, aber ich muss noch ein letztes Mal Katharina sehen.«

Elisabeth und Anna nickten traurig.

In der Nacht machte sich Maria auf den Weg. Sie wollte die ganze Strecke bis Braunschweig zu Fuß laufen. Sie versteckte sich am Tage, und in der Nacht ging sie, so schnell sie konnte. Ihre Füße waren bald wund und blutig gelaufen, und die Schuhsohlen dünn wie Papier, aber der Gedanke an ihr Kind ließ sie durchhalten.

Als Strafe hatten die Russen die Stallungen auf dem Gut Heinrich Müllers angezündet. Es sollte ihm eine Warnung sein, sagten sie.

Heinrich machte es nichts aus. Die Stallungen konnte er wieder aufbauen, und das letzte Vieh hatte die Wehrmacht noch in den letzten Kriegstagen beschlagnahmt. Viel schlimmer war für ihn die Festnahme von Maria, Elisabeth und Anna. Vom Fenster aus hatte er beobachten wollen, dass die Soldaten auch wirklich verschwanden, als er sah, dass Agnes zielstrebig auf die Russen zuging. Bis er einen Spiegel gefunden hatte, war einfach zu viel Zeit vergangen.

Sein schlechtes Gewissen plagte ihn, und Maria und die Mädchen fehlten ihm sehr. Er mochte sich gar nicht vorstellen, wohin sie gebracht wurden und was mit ihnen geschehen würde.

Apathisch lebte er in den Tag hinein, bis ihn die Nachricht über die Festnahme seiner Nichte aufrüttelte. Er telefonierte den ganzen Tag, bis er herausgefunden hatte, wohin die Russen sie gebracht hatten. Dann machte er sich auf den Weg zu ihr. Ausnahmsweise ließ man ihn zehn Minuten mit ihr sprechen.

»Mein Gott, Else, was haben sie denn mit dir gemacht!«

Erschreckt über ihr Aussehen, sprang er auf. Sofort waren zwei Soldaten neben ihm.

»Es ist nicht so schlimm, wie es aussieht. Die Verletzungen habe ich mir auf der Flucht vor diesen Typen selbst zugezogen.« Else lächelte gequält.

Ihr Gesicht wies alle Farben von gelb bis violett auf. Die Schürfwunden waren schon fast verheilt. Aber in ihren Augen stand ein unnatürlicher Glanz.

»Pass auf, Onkel, wir haben nicht viel Zeit. Bitte versuche den Oberst Karl von S. zu finden. Er war im Führerhauptquartier. Ich hoffe er ist noch in Deutschland! Finde ihn und erzähl ihm, wo ich mich befinde. Er ist der Einzige, der mich hier herausholen kann! Falls er kneifen will, erinnere ihn daran, dass er mir einen Gefallen schuldet. Aber er wird es schon regeln.«

»Wie soll dir ein deutscher Oberst helfen?«, fragte Heinrich zweifelnd. Die sind doch alle im Gefangenenlager.«

Else schüttelte den Kopf. »Ich wollte es dir eigentlich nie erzählen, aber Karl und ich hatten 1943 ein Verhältnis. Dabei habe ich durch einen Zufall entdeckt, dass er ein amerikanischer Agent ist. Ich habe ihn nicht verraten, und deshalb verdankt er mir sein Leben. So jetzt gehst du am Besten, bevor sie dich auch noch hier behalten wollen.«

Sie durften sich nicht umarmen und Heinrich schaute ihr mit Tränen in den Augen nach, bis sie nicht mehr zu sehen war. Dann wandte er sich ab und ging, denn er hatte noch etwas Wichtiges zu erledigen.

Im Hause Wagner war es sehr ruhig. Gustav Wagner hatte sehr viel Zeit. Niemand wusste, was aus seiner Fabrik werden sollte, und er schmiedete Pläne für die Produktion ziviler Güter. Die Waffenteile, die er noch auf Lager hatte, waren allesamt von den Alliierten beschlagnahmt worden.

Sie hatten ihr ganzes Personal, bis auf Rosalind entlassen. Jetzt waren sie nur noch zu fünft in dem für sie viel zu großen Schlösschen.

Rosalind hatte heute ihren freien Tag. Gustav, Hermine und Hildegard saßen gerade beim Abendessen, als die Türglocke läutete.

Erschreckt schauten sie sich an. Gustav Wagner ging zur Tür und zog die Stirn in Falten, als er einen fremden Mann vor der Haustür stehen sah. Nachdem er ihn aber als nicht gefährlich einstufte, öffnete er ihm die Tür.

»Guten Abend und entschuldigen Sie bitte diese späte Störung, aber ich habe eine wichtige Nachricht für Katharina«, sagte er leise. Gustav zog den Mann eilig in den Flur und schloss die Tür hinter ihm.

»Katharina ist nicht mehr bei uns, mein Herr. Sie ist schon vor längerer Zeit geflüchtet!« Als Gustav das traurige Gesicht des Mannes sah, wusste er, dass es nicht gespielt war.

»Wer sind Sie denn und was wollten Sie Katharina sagen?«, fragte Gustav nun schon viel freundlicher.

»Oh, entschuldigen Sie, dass ich mich noch nicht vorgestellt habe. Mein Name ist Heinrich Müller, und die Mutter mit den beiden Schwestern von Katharina waren bis vor kurzem auf meinem Hof. Ich habe sie versteckt gehalten, aber sie wurden von einer Bekannten verraten. Sie wurden alle drei gefangengenommen. Jetzt habe ich mir gedacht, dass ich es unbedingt Katharina berichten muss, aber wenn sie nicht mehr da ist, gehe ich am Besten gleich wieder.«

Er drehte sich bereits um, aber Gustav Wagner hielt ihn zurück. »Warten Sie, kommen Sie erst einmal mit ins Esszimmer und leisten Sie uns Gesellschaft beim Abendessen. Sie haben sicher eine lange Fahrt hinter sich.«

Hermine und Hildegard hatten gespannt gelauscht und hofften, nun mehr von Katharinas Familie zu hören.

Nachdem sie zu Heinrich Müller Vertrauen gefasst hatten, riefen sie Katharina herunter.

»Wir haben Katharina auch hier versteckt, aber es darf niemand wissen. Man weiß heutzutage nicht mehr, wem man noch vertrauen kann. Aber bei Ihnen habe ich ein sehr gutes Gefühl, und das hat mich bisher eigentlich noch nie getrogen.«

Als Katharina sah, wer da war, warf sie sich in Heinrichs Arme und weinte. Sie ahnte, dass er schlechte Nachrichten brachte.

In der folgenden Nacht konnte Katharina nicht einschlafen. Sie wollte nicht schon wieder von ihrer Mutter und ihren Schwestern getrennt sein. Sie wollte auch nicht wieder diejenige sein, die im warmen Bett schlief und an einem gedeckten Tisch saß, während ihre Mutter und ihre Schwestern Todesängste ausstehen, frieren und hungern mussten.

Sie weinte und weinte, bis sie im Morgengrauen doch noch einschlummerte. Als sie aufwachte, hatte sie ihren Entschluss gefasst. Sie würde ihre Familie suchen gehen.

»Nein, Katharina, mach das nicht! Bitte! Du wirst den Russen in die Arme laufen! Wir können gemeinsam versuchen, sie zu finden, wenn sich die Lage erst einmal beruhigt hat«, bat Gustav Wagner eindringlich. Doch Katharina ließ sich nicht mehr umstimmen.

Sie packte ihre Tasche mit den notwendigsten Kleidungsstücken und bekam von Hermine und Gustav einen Beutel mit Proviant. Kurz bevor sie das Haus verließ, rief Gustav sie zu sich ins Arbeitszimmer.

»Katharina, da ich dich nicht umstimmen kann, möchte ich dir, bevor du gehst, noch sagen, dass wir dich sehr liebgewonnen haben. Du bist uns eine zweite Tochter geworden. Wenn du es dir unterwegs anders überlegst, zögere bitte nicht zurückzukommen. Wir werden immer einen Platz für dich haben. So, jetzt halte ich dich nicht länger auf. Hier ist dein Lohn für die lange Zeit, die du bei uns verbracht und dich um Hildegard gekümmert hast. Ich gebe ihn dir in US-Dollar, denn das ist die einzige Währung, mit der du dir überall etwas kaufen kannst.«

Katharina war tief gerührt. Sie wusste, dass sie etwas unternehmen musste, und sie wollte nicht schwach werden. Sie dankte Gustav mit Tränen in den Augen.

Als sie die Treppe hinunter ging, standen Hermine und Hildegard in der Halle und schauten ihr traurig entgegen.

Sie dankte auch Hermine von Herzen für die schöne Zeit in ihrem Haus und dann verabschiedete sie sich von

Hildegard. Sie umarmten sich ganz fest, und Hildegard, die sich mit Gefühlsausbrüchen dieser Art sonst eher bedeckt hielt, vergoss bittere Tränen.

»Ich werde dich so vermissen! Ich weiß gar nicht, wie ich ohne dich hier weiterleben soll!«, schluchzte sie laut.

»Ich werde dich auch vermissen, Hildegard. Aber du wirst sehen, die Zeit vergeht ganz schnell, und dann ist Arnold wieder da. Ich wünsche dir für deine Zukunft alles, alles Liebe und dass du glücklich wirst mit Arnold. Ich werde dir auch schreiben, wo ich gelandet bin.«

Sie drückten sich noch einmal, dann nahm Katharina ihre Taschen und ging. Am schmiedeeisernen Tor schaute sie noch einmal zurück und winkte.

Maria konnte nicht mehr weiter. Sie hatte unglaubliche Schmerzen an den Füßen. Sie war nächtelang über Feldwege gewandert, um Dörfer und Städte zu umgehen. Fünf Tage lang war sie nun schon unterwegs. Gelegentlich bat sie einen Bauern um ein Stück Brot und trank Wasser aus den Brunnen. Aber die aufgeschürften, blutigen Füße schmerzten und zwangen sie, sich am Wegrand hinzusetzen.

Sie durfte gar nicht hinsehen, so schlimm sahen ihre Füße aus. Auch als sie das Rasseln eines Fuhrwerks hörte, konnte sie sich nicht mehr von der Stelle bewegen.

Erstaunt sah der Bauer auf Maria hinunter. Er stoppte und sprang von seinem Sitz.

»Ja, was tun Sie denn hier so alleine!«, rief er.

Erschrocken zuckte er zurück, als sein Blick auf Marias Füße fiel. »Wie haben Sie denn das gemacht!«

Als er die Angst in Marias Gesicht sah, beruhigte er sie und sagte: »Ich will gar nichts von Ihnen hören. Sie werden schon wissen, was Sie tun, aber ich muss Ihnen Ihre Füße verbinden, sonst schaffen Sie es nirgendwo mehr hin. Kommen Sie, ich fahre Sie zum Haus. Meine Frau kann Sie hervorragend verarzten, sie ist nämlich Ärztin!«

Er half Maria behutsam auf den Wagen und fuhr mit ihr zum Haus. Als er vorfuhr, kam seine Frau schon beunruhigt aus dem Haus, da er normalerweise die Pferde schon vor der Scheune ausspannte.

Auch sie starrte erschrocken auf Marias Füße.

»Ihre Füße müssen wir schnell verarzten, bevor sich die Wunden entzünden!«

Der Bauer trug Maria zum Haus und brachte sie in die große Küche.

»Ich hole schnell eine Schüssel warmes Wasser und Verbandsmaterial«, rief die Frau und eilte hinaus.

Der Bauer setzte Maria vorsichtig auf einen Stuhl.

»Sie können gern eine Weile bei uns bleiben, bis ihre Füße verheilt sind! Wir wohnen so weit weg vom Dorf. Zu uns schaut sicher niemand rein!«, fügte er noch schnell hinzu, als er ihren ängstlichen Blick sah.

»Nein danke, Sie sind wirklich sehr freundlich zu mir, aber ich muss dringend nach Braunschweig. Und ich darf keine Zeit verlieren!«, sagte Maria, einem Nervenzusammenbruch nahe. Sie wollte und durfte keines ihrer Kinder enttäuschen.

Der Bauer hatte ein feines Gespür für Marias Situation und sagte freundlich: »Also, Braunschweig ist nicht so weit entfernt, dass Sie es nicht schaffen könnten. Außerdem habe ich in Wolfsburg sowieso noch Erledigungen zu machen. Die könnte ich genauso gut auf morgen verschieben. Wenn Sie bis morgen bei uns bleiben, nehme ich Sie gern mit! Und von Wolfsburg bis Braunschweig ist es nur ein Katzensprung. Ich könnte Sie direkt am Bahnhof absetzen.«

»Nein danke, es ist wirklich sehr lieb von Ihnen, aber ich will niemanden in Gefahr bringen«, sagte Maria verzagt.

»Ich weiß schon, was ich tue, meinetwegen brauchen Sie sich keine Gedanken zu machen.«, sagte der Mann beruhigend.

»Jetzt schauen wir uns erst einmal ihre Füße an«, unterbrach ihn seine Frau, die gerade mit einer Schüssel warmen Wassers eintrat.

Vorsichtig zog sie Maria die Schuhe aus, oder das, was von den Schuhen noch übrig war. Die Lumpen, die sich Maria um die Füße gebunden hatte, waren mit Blut getränkt, und die Frau löste sie, so gut es ging, von ihren Füßen.

»Die restlichen Stoffe werden sich im Wasser von selbst lösen. Jetzt stellen Sie Ihre Füße ganz vorsichtig ins Wasser. Wir müssen sie erst reinigen, dann schmiere ich Ihnen eine Wundersalbe auf Ihre Füße und morgen können sie wieder gehen. Zumindest eine kurze Strecke!«

Maria konnte den Schmerz kaum ertragen, als sie ihre Füße in das warme Wasser stellte. Sie biss die Zähne zusammen, um nicht laut aufzustöhnen. Nach einer Weile beruhigten sich die Schmerzen und Maria lehnte sich entspannt zurück. Die Frau strich sanft mit einem weichen Lappen über die wunden Stellen. Dann tupfte sie die Füße vorsichtig trocken.

»Sie legen sich am besten auf das Sofa, und die Füße legen wir auf ein Handtuch«, bestimmte die Frau und holte einen kleinen Topf mit Salbe und einen Verband. Sie strich die Füße mit der kühlenden Salbe dick ein, dann verband sie sie gekonnt.

»So, und jetzt gebe ich Ihnen noch eine Spritze, damit wirklich nichts Schlimmes passiert.«

Maria wollte protestieren, aber sie war zu schwach, und ihr Instinkt sagte ihr, dass sie hier gut aufgehoben war. Anschließend brachte ihr die Frau Brot, ein Stück Speck und ein Glas Milch.

»Damit Sie wieder zu Kräften kommen«, sagte sie freundlich und verschwand. Maria aß dankbar alles auf, dann legte sie sich hin. Sie erwachte mitten in der Nacht. Erschreckt fuhr sie hoch. Dann wusste sie aber gleich wieder, wo sie war, denn die freundlichen Bauern hatten eine kleine Lampe in der Ecke brennen lassen. Man hatte sie zugedeckt und ihr ein Kissen unter den Kopf gesteckt. Dankbar und beruhigt legte sie sich wieder hin und schlief bis zum Morgen durch.

»Guten Morgen!«, grüßte die Frau freundlich, als sie ihr einen Becher warme Milch brachte.

»Guten Morgen!«, grüßte Maria zurück. »Ich weiß gar nicht, wie ich Ihnen danken soll! Sie sind so lieb zu mir, obwohl sie gar nichts von mir wissen!«

»Wir müssen auch nichts über jemanden wissen, der unsere Hilfe braucht«, sagte die Frau bestimmt.

»Ich habe Ihnen ein paar Schuhe in Ihrer Größe besorgen können. Sie sind zwar nicht neu, aber besser als die Schuhe, die wir Ihnen gestern ausgezogen haben.«

Sie stellte ein paar bequeme Lederschuhe vor Maria

auf den Boden und gab ihr ein paar weiche Strümpfe dazu. Maria probierte sie sofort an. Zwar schmerzten ihre Füße gleich wieder, aber jetzt konnte sie den Schmerz gut aushalten. Sie stand gleich auf und wollte sich verabschieden, doch die Frau hielt sie noch zurück.

»Warten sie einen Moment, mein Mann ist gleich da. Er nimmt sie mit bis Wolfsburg. Von Wolfsburg aus können Sie sich dann alleine weiter durchschlagen. Es wird schon nichts passieren!«, fügte sie noch schnell hinzu, als sie den ängstlichen Blick ihrer Patientin sah.

Ängstlich, aber dankbar stieg sie auf den Wagen des Bauern. Der hielt sich abseits der befahrenen Straßen. Maria rutschte vor Aufregung die ganze Zeit auf ihrem Sitz hin und her. Als es einmal nicht anders möglich war weiterzukommen, als eine Hauptstraße zu befahren, hielt Maria die Luft an. Aber sie kamen ohne Zwischenfälle in Wolfsburg an.

»Ich lasse Sie südwestlich von Wolfsburg auf einem Feldweg aussteigen. Diesem Weg können Sie dann bis Braunschweig folgen. Viel Glück!«, sagte er, als er den Wagen anhielt.

»Ich danke Ihnen für alles. Möge Gott es Ihnen vergelten. Ich weiß wirklich nicht, was ich ohne Sie getan hätte«, sagte Maria zum Abschied und stieg aus. Sie winkte noch einmal kurz, dann machte sie sich auf den Weg zu Katharina.

Katharina war unterdessen in Pritzwalk angekommen. Sie erschrak, als sie sah, wie viele der schönen Häuser bis auf die Grundmauern zerstört waren, nachdem noch in den letzten Kriegstagen ein Munitionszug explodiert war. Pritzwalk sah völlig verändert aus. Auch die Menschen, die ihr begegneten, waren durch die schweren Kriegsschäden verändert. Sie wirkten noch düsterer und verschlossener als vorher.

Sie selbst hatte es bei der Familie Wagner schon wirklich gut gehabt. Auch Braunschweig war mehrmals bombardiert worden, und sie mussten sich bei Fliegeralarm in den Keller begeben, aber Frau Wagner hatte es unten so schön wie möglich mit Decken, Kissen und reichlich Essbarem herrichten lassen. Und sie hatten wirklich Glück gehabt, dass die schöne Villa nicht getroffen worden war.

Nach kurzem Herumirren dachte sich Katharina, dass ihr der Bürgermeister von Pritzwalk wohl am ehesten würde sagen können, wo ihre Familie war.

Mutig ging sie ins Rathaus und fragte sich bis zum Vorzimmer des Bürgermeisters durch.

»Guten Tag, ich würde gern den Herrn Bürgermeister sprechen.«

»In welcher Angelegenheit denn bitte?«, fragte die Sekretärin freundlich.

Mit Kennerblick hatte sie den Wert von Katharinas Kleid gleich richtig eingeschätzt.

»Das würde ich ihm gern selbst sagen, wenn sie mich bitte zu ihm lassen würden. Es ist wirklich wichtig!«, fügte sie bittend hinzu.

»Eigentlich hat der Herr Bürgermeister heute keine Termine mehr frei, aber ich schau einmal, was ich für Sie tun kann.«

Sie klopfte kurz an eine Tür und verschwand in dem Zimmer. Kurz darauf kam sie mit einem freundlichen Lächeln wieder heraus und sagte: »Sie haben Glück, der Herr Bürgermeister empfängt sie gleich.«

Die Sekretärin hielt ihr die Tür auf, und mit klopfendem Herzen ging Katharina in das Amtszimmer des Bürgermeisters. »Guten Tag und vielen Dank, dass Sie sich gleich Zeit für mich nehmen«, sagte Katharina höflich.

»Guten Tag«, antwortete der Bürgermeister, erhob sich und gab Katharina die Hand.

»Für eine so hübsche junge Dame habe ich immer Zeit!«, lachte er.

Als er Katharinas ernste Miene sah, fragte er jedoch gleich: »Was kann ich für Sie tun?«

Katharina kam gleich zur Sache: »Meine Mutter und meine Schwestern wurden vor kurzem von den Russen gefangen genommen. Ich will sie unbedingt noch einmal sehen, bevor sie nach Russland zurückgebracht werden. Können Sie mir sagen, wohin sie gebracht wurden?«

Katharina zitterte vor Aufregung. Sie musste mehrmals schlucken, um nicht in Tränen auszubrechen.

Der Bürgermeister schüttelte bedauernd den Kopf. »Nein, da kann ich Ihnen leider nicht helfen. Das ist eine verflixt schwierige Angelegenheit, aber ich weiß wirklich nicht, wie ich an diese Information kommen sollte!«

»Würden Sie es bitte versuchen?«, bettelte Katharina. »Sie sind der Einzige der mir überhaupt helfen kann. Ich habe sonst niemanden, an den ich mich wenden könnte. Bitte!« Jetzt liefen die ersten Tränen aus ihren Augen.

»Nein, nein, Sie dürfen doch nicht gleich weinen. Ich will mein Bestes geben, aber versprechen kann ich nichts! Kommen Sie einfach in zwei Tagen noch einmal vorbei. Vielleicht haben wir Glück, und ich bekomme eine Auskunft!« Wieder gab er Katharina die Hand.

»Danke«, hauchte diese und ging.

Die Tür von Else Müllers Zelle wurde geöffnet. »Frau Müller, mitkommen!«, sagte die Aufseherin barsch.

Sie wurde in das Zimmer der Russin geführt, die sie nach ihrer Verhaftung verhört hatte. »Sie scheinen einen einflussreichen Freund zu haben. Ich habe die Anweisung erhalten, Sie in die Freiheit zu entlassen. Glauben Sie mir, ohne diesen Beschützer wären Sie hier nie wieder herausgekommen! Und aus Sibirien kommen nur wenige zurück.« Sie sah Else kalt an. »Ich lasse Sie ungern laufen. Denn Sie haben die Sache des Sozialismus verraten und die strengste Strafe verdient. Hier sind Ihre Sachen. Sie können gehen!«

Draußen vor dem Haus stand eine schwere amerikanische Limousine. Oberst Karl von S. winkte sie zu sich in den Wagen. Sein Rang war gleich geblieben, aber die Uniform, die er trug, war nunmehr eine amerikanische. Else war völlig erschlagen. Sie ließ sich aufatmend in den Ledersitz fallen.

Mit quietschenden Reifen fuhr er los und hielt erst vor ihrer Haustür. Dann drehte er sich in seinem Sitz zu ihr um und sagte kalt: »Mach bloß keine solchen Dummheiten mehr, Schätzchen! Wir sind jetzt quitt. Beim nächsten Mal musst du dir selbst helfen!«

»Danke!«, sagte Else matt und stieg aus. Zu mehr war sie nicht in der Lage. Sie drückte die eingetretene Haustür auf und ging zu ihrer Wohnung hinauf. Als sie die Wohnungstür aufsperrte, bekam sie einen weiteren Schreck. Alle ihre Sachen lagen wild durcheinander in der Wohnung verstreut. Das Geschirr war achtlos auf den Boden geschmissen worden und Ihre gesamte Kleidung aus den Schränken gerissen. Sie sperrte ihre Wohnungstür ab und legte sich, so wie sie war, ins Bett.

Maria klingelte bei Familie Wagner. Sie hatte es tatsächlich geschafft. Sie war den ganzen Tag gelaufen, ohne Pause, und hatte es bis zum Abend zur Villa von Familie Wagner geschafft. Sie konnte es kaum erwarten, Katharina in die Arme zu schließen.

Als sich die Tür öffnete, fiel Hermine beinahe in Ohnmacht. »Maria, was um Gottes willen tun Sie denn hier!«, rief sie entsetzt.

Maria verstand die Welt nicht mehr. Sie hatte einen freudigeren Empfang erwartet.

»Ich wollte Katharina noch einmal sehen, ehe wir zurück nach Russland gebracht werden«, stammelte sie leise.

Nun erschien auch Gustav in der Tür und zog Maria ins Haus.

»Guten Abend, Maria. Wir erklären Ihnen gleich, warum wir so erschrocken sind!«

Maria ahnte Böses. »Wo ist meine Tochter?«, fragte sie leise. Die Beine drohten ihr den Dienst zu versagen, als sie die betretenen Mienen von Hermine und Gustav sah. »Nein«, sagte sie, nach einem Halt greifend, »das kann nicht sein!«

Gustav half ihr ins Wohnzimmer.

»Wir haben Katharina angefleht, dass sie bei uns bleibt, aber sie wollte hier nicht untätig warten, während ihr nach Russland verschleppt werdet. Sie hat sich vor drei Tagen auf den Weg gemacht, um euch zu suchen!«

Verständnislos schaute Maria ihn an. Sie hatte im ersten Moment gedacht, dass die Russen Katharina abgeholt hatten. Sie atmete langsam ein und wieder aus. Nur ruhig bleiben. Jetzt nicht die Nerven verlieren. Sie konnte doch nicht den ganzen Weg umsonst gelaufen sein. In ihren Füßen pochte der Schmerz. Maria schloss die Augen. Es durfte einfach nicht wahr sein.

»Ich muss wieder zurück«, sagte sie erst leise, dann noch einmal lauter: »Ich muss wieder zurück! Nicht, dass ich meine zwei anderen Mädchen auch noch aus den Augen verliere!«

»Es wäre vernünftiger, Sie würden sich erst ausruhen und etwas essen!«, sagte Gustav beruhigend.

Aber Maria entgegnete energisch: »Nein, ich habe schon genug Zeit verloren. Ich muss wieder zurück.« Dann schlug sie die Hände vor ihr Gesicht und weinte hemmungslos.

Gustav und Hermine sahen sich hilflos an.

»Wenn Katharina Sie nicht findet, kommt sie bestimmt wieder zu uns. Wir können ihr dann wenigstens sagen, wo Sie sind und wo Sie hingebracht werden.«

Langsam beruhigte sich Maria wieder.

»Ja, dass wäre sehr lieb von euch!«, sagte sie müde. Dann stand sie mit zitternden Beinen wieder auf und wollte sich verabschieden. Da kam Leben in Gustav Wagner.

»Ich fahre Sie zurück! Wir lassen Sie auf keinen Fall allein in der Dunkelheit zurücklaufen. Wo müssen Sie denn hin?«, fragte er.

»Nach Prenzlau«, stammelte Maria. »Nächste Woche werden wir schon nach Stettin gebracht, aber wohin wir dann kommen, konnte ich nicht in Erfahrung bringen. Sagen Sie Katharina, dass sie hier bleiben soll und sagen sie ihr, dass ich sie über alles liebe und immer an sie denken werde. Aber sagen Sie ihr, dass sie auf jeden Fall in

Deutschland bleiben soll, ganz gleich, was mit uns passiert!«

Erschöpft wankte Maria zur Tür. Widerstandslos ließ sie sich zum Wagen begleiten und stieg ein. Sie war wie in Trance. Hermine packte noch schnell Proviant ein und gab Maria die Tasche.

»Möge für euch alles wieder gut werden!«, sagte Hermine und drückte Maria zum Abschied fest an sich. Maria konnte nicht antworten. Sie sagte auch während der langen Autofahrt kein Wort mehr. Gustav war zum ersten Mal wirklich froh, dass er Kontakte zur englischen Militärverwaltung angeknüpft hatte. Auf diese Weise hatte er nicht nur das letzte Auto gerettet, das ihm vom Fuhrpark seiner Firma geblieben war, sondern auch eine bescheidene Benzinzuteilung ergattert. Nun bemühte er sich, auf Nebenstraßen in die sowjetisch besetzte Zone zu kommen. Es ging auch diesmal gut. Im Morgengrauen waren sie in der Nähe von Prenzlau.

»Ich glaube, näher sollte ich nicht hinfahren. Es wäre für uns beide zu riskant!«, sagte Gustav und hielt den Wagen am Straßenrand.

»Natürlich«, erwiderte Maria, die sich langsam aus ihrer Starre löste.

»Sie haben für mich alles riskiert. Ich hatte heute nicht die Kraft, Ihr Angebot abzulehnen. Ich bin Ihnen wirklich sehr dankbar. Bitte kümmern Sie sich weiterhin um Katharina, wenn sie wieder zu Ihnen kommen sollte. Ich kann Ihnen nichts anderes bieten als meine grenzenlose Dankbarkeit. Bitte drücken Sie Katharina von mir. Ich hätte sie so gern noch einmal gesehen um ihr zu sagen, wie stolz ich auf sie bin und wie sehr ich sie lieb habe. Bitte sagen sie es ihr. Danke!«

Sie drückte kurz Gustavs Hand und stieg aus. Sie ging querfeldein, bis sie zu dem Loch im Drahtzaun kam, der ihr Gefangenenlager umgab. Auf allen Vieren kroch sie unter dem Hindernis hindurch und lief in gebückter Haltung zu ihrer Baracke.

Elisabeth war sofort wach und nahm ihre Mutter in den Arm. Sie hatte große Ängste ausgestanden, aber sie hattte auch verstanden, dass ihre Mutter es hatte tun müssen.

»Katharina war nicht mehr dort«, berichtete Maria traurig. »Sie hat sich auf die Suche nach uns gemacht. Aber niemand wusste, wo sie uns suchen wollte.«

Sie legte sich auf ihre Matte und schlief vor lauter Erschöpfung ein.

Sibirien, August 1945

Gregor wurde nicht, wie er befürchtet hatte, in die Ziegelei, sondern in die Küche abkommandiert. Dort musste er den ganzen Tag Töpfe schrubben und Kartoffeln schälen.

Heimlich aß er die Kartoffelschalen. Sie stillten seinen größten Hunger und hielten ihn auf den Beinen. Der Häuptling seiner Baracke neidete ihm den Einsatz in der Küche. Vor allem ärgerte es ihn, dass Gregor in der Küche verpflegt wurde, so dass er ihm seine Ration nicht mehr wegnehmen konnte. Obwohl Gregor einerseits ganz froh war, dem Häuptling tagsüber nicht mehr begegnen zu müssen, stieg seine Angst vor der Nacht ins Unermessliche. Immer wieder kam es vor, dass ein Mithäftling am Morgen mit durchgeschnittener Kehle auf seiner Matte lag. Das Wachpersonal schritt niemals ein. Entweder hatten die Posten selbst Angst vor dem gewalttätigen Menschen oder sie betrachteten die Häftlinge ohnehin als Todeskandidaten.

Gregor schlief nie, ohne die Arme vor dem Hals zu kreuzen. Er hoffte, die Rasierklinge zu spüren, bevor sie seinen Hals erreichte. Auch hielt er sein Gelübde und betete jeden Abend vor dem Einschlafen zu Gott.

So verging eine Woche nach der anderen, bis die Nachricht vom Ende des Krieges zu ihnen drang. Am 25. August 1945 wurde Gregor Giesheim rehabilitiert.

»Man hat dir nichts nachweisen können, Junge! Du darfst nach Karaganda reisen. Dort musst du dich jeden Monat bei der Miliz melden. Im Arbeitsdienst bist du im Kohlenbergwerk eingeteilt. Die Stadt Karaganda darfst du nicht verlassen, aber innerhalb der Stadt hast du Bewegungsfreiheit. Herzlichen Glückwunsch! Du wirst gleich abgeholt!«, sagte ihm an besagtem Morgen der Leiter des Gefangenenlagers.

Gregors Herz machte einen freudigen Sprung. Karaganda lag zumindest in der Nähe seiner Heimat.

»Darf ich meine Familie sehen?«, wagte er zu fragen.

Der Lagerleiter schüttelte den Kopf und sagte: »Ich weiß nicht einmal, ob von deiner Familie noch jemand lebt. Du kannst es ja versuchen, aber den Antrag musst du dann in Karaganda stellen! Denk daran, dass du die Stadt nicht verlassen darfst, sonst landest du wieder hier!«

Gregor zuckte zusammen. Ob seine Mutter und seine Schwestern noch lebten? Er hatte seit langem nichts mehr von ihnen gehört. Ob seine Mutter auch rehabilitiert wurde, schoss es ihm durch den Kopf, und ob sie die körperlich schwere Waldarbeit im kniehohen Schnee wohl überlebt hatte?

»O Gott, bitte gib, dass sie überlebt haben!«, betete er still vor sich hin.

Es war eine größere Gruppe von Häftlingen, die in bewachten Zügen nach Karaganda gebracht wurde. Mit Gregor waren es dreißig Mann.

Als sie dort ankamen, herrschte Chaos. Niemand wusste, wohin er sollte. Gregor würde mit seinem Antrag warten müssen.

Sie bekamen zu viert Zimmer zugewiesen, gleich in der Nähe des Kohlenbergwerkes. Gregor war traurig. Wie sollte er es nur jemals schaffen, nach Hause zu kommen, wenn er selbst als rehabilitierter Häftling unter solchen Umständen weiterleben musste?

Maria, Elisabeth und Anna wurden mit den anderen Gefangenen auf die Ladefläche von Militärlastwagen gepfercht und nach Stettin gebracht. Anschließend wurden sie in Züge nach Insterburg verladen. Dort stand eine Lokomotive mit zahllosen Viehwaggons am Bahnhof.

»Sie werden uns ja wohl nicht in diese Viehwaggons stecken?«, fragte Elisabeth erstaunt.

»Wo bringen sie uns wohl hin, Mama?«, fragte Anna.

»Ich weiß es nicht, mein Kind«, sagte Maria müde. Sie schleppten sich hinter den vielen Hunderten von Gefangenen zu dem wartenden Zug. Jeweils fünfunddreißig Menschen wurden in einen schmalen Viehwaggon gepfercht. Sie konnten sich kaum auf den Boden setzen. Sie standen dichtgedrängt in dem engen dunklen Waggon. Der Sauerstoff wurde knapp. Irgendwie wurde für die reihenweise umkippenden Menschen ein kleiner Platz geschaffen, damit sie eng aneinander gedrückt liegen konnten.

In diesem Zustand wurden sie ohne Pause bis Laterusk im Ural gefahren. Viele, vor allem ältere Gefangene überstanden diese Fahrt nicht und starben. Die Rotarmisten, die den Zug begleiteten, machten mit den Leichen wenig Umstände. Sie sprengten ein Loch in den Boden , in dem sie verscharrt wurden.

Maria konnte sich kaum noch auf den Beinen halten, und auch Elisabeth und Anna waren zu Tode erschöpft. Aber sie stützten sich alle gegenseitig. Die Angst davor, zum Sterben zurückgelassen zu werden, hielt sie am Leben.

Mit letzter Kraft schleppten sie sich zum Gefangenenlager.

Drei Familien bekamen immer jeweils ein Zimmer zugewiesen. Sie schliefen in ihrer Kleidung auf hölzernen Bettgestellen. Im Lager durften sie sich frei bewegen, falls sie vor Hunger und Erschöpfung noch laufen konnten, denn die Verpflegung war erbärmlich. Einmal in der Woche mussten sie sich im Büro melden, und tagsüber mussten sie in einer Fabrik arbeiten.

»Komm, Anna, du schaffst es! Lass dich nicht so gehen!«, rief Elisabeth eines Morgens voller Panik, als die Schwester sich kaum noch rührte. Alle drei waren nur noch Haut und Knochen, aber im Gegensatz zu Maria und Elisabeth hatte Anna der Lebenswille verlassen. Sie lag nur noch apathisch auf ihrer Pritsche und starrte an die Wand.

Als Elisabeth sie schüttelte, flüsterte Anna müde: »Wozu denn das alles? Es hat doch keinen Sinn mehr«, und schloss die Augen.

»Nein, Anna, es hat einen Sinn!«, rief Elisabeth voller Panik. »Wir müssen doch zusammen bleiben! Du darfst doch nicht einfach so aufgeben!« Elisabeth drehte sich um und schrie: »Hat denn niemand ein Stück Brot für meine Schwester! Sie darf nicht sterben!«

Die anderen sahen sie mitleidig an. Alle litten so entsetzlichen Hunger, dass sie sich immer wieder krümmten vor Schmerzen. Elisabeth hatte ihr Ausbruch zu viel Kraft gekostet. Sie setzte sich müde und schlapp an Annas Bett und streichelte sanft über ihr Haar. Maria saß daneben und hielt Annas Hand. Tränen liefen ihnen über die mageren Wangen.

Anna öffnete ihre Augen nicht mehr.

Katharina ging alle zwei Tage zum Bürgermeister von Pritzwalk. Aber der konnte immer nur bedauernd den Kopf schütteln.

Katharina war am Verzweifeln. Wo nur konnte sie eine Antwort auf ihre Frage bekommen? Hatte sie irgend etwas übersehen, das einen Hinweis auf den Aufenthaltsort ihrer Familie geben könnte? Sie überlegte und überlegte, bis ihr schwindelig wurde.

Nach zwei Wochen fuhr sie unter einer Decke versteckt mit einem Bauern nach Berlin. In der Hauptstadt hoffte sie einen Hinweis zu finden, wohin man die eingefangenen Flüchtlinge verschleppt hatte. Aber nachdem sie mehrmals nur knapp einer Verhaftung entgangen war, gab sie auf. An jedem Eck gab es Ausweiskontrollen. Sie bekam einen Schweißausbruch nach dem anderen. Nein, es half alles nichts, sie musste sich in Sicherheit bringen.

Berlin war völlig zerstört. In den Trümmern sah sie schwarz gekleidete Frauen, die nach etwas Brauchbarem suchten. Es war grauenhaft. Die ganze Atmosphäre war bedrückend, und Katharina konnte die Angst der Menschen um sich herum förmlich riechen. Sie musste hier weg!

Den Zug zu nehmen, wagte sie nicht. Sie lief die halbe Strecke bis Stendal zu Fuß. Sie umging den Ortskern und suchte gerade nach dem richtigen Feldweg, als ein Wagen direkt neben ihr anhielt.

Katharina blieb vor Schreck fast das Herz stehen. Sie hatte sich so auf den Weg konzentriert, dass sie das Motorengeräusch überhört hatte. Der junge Soldat in dem Jeep, der Uniform nach ein Engländer, lachte. »Also, so schlimm sehe ich doch auch wieder nicht aus, dass Sie gleich davon rennen wollen, oder?«, fragte er mit spitzbübischem Lächeln in gutem Deutsch.

In Katharinas Körper war jeder Muskel angespannt. Ängstlich und erschrocken sah sie den deutschen Soldaten an und wog ab, ob sie ihm trauen konnte oder nicht. Als er wieder laut lachte, beschloss sie, ihm zu vertrauen.

»Ich habe gerade den richtigen Weg gesucht, der nach Braunschweig führt«, sagte sie vorsichtig.

»Nach Braunschweig!«, rief er erstaunt. »Nun ja, da haben Sie heute noch einiges vor!« Er lachte über das ganze Gesicht. Jetzt konnte Katharina auch nicht anders als zurückzulächeln. »Wenn Sie mir Ihr Vertrauen schenken, würde ich sie gern ein Stück mitnehmen, verehrte Dame.« Er deutete dabei eine Verbeugung an, so elegant es eben im Wagen möglich war.

Katharina überlegte kurz.

»Nun gut, Sie dürfen!«, erklärte sie gnädig und stieg ein.

Er fuhr sie bis Braunschweig. Sie war versucht, ihm alles zu erzählen, unterließ es dann aber doch.

»Halten Sie den Wagen bitte an der nächsten Kreuzung an, den Rest des Weges möchte ich gern zu Fuß zurücklegen«, sagte Katharina bestimmt.

Der junge Mann hielt an wie befohlen, sagte dann aber ein wenig gekränkt: »Ich dachte, ich könnte Sie wohlbehalten bei Ihren Eltern abliefern.

Ich würde mich natürlich, wie es sich gehört, auch gern Ihren Eltern vorstellen.«

Katharina blickte ihm fest in die Augen und sagte bedauernd: »Ich wohne hier leider nicht, und meinen Eltern kann ich Sie leider im Moment auch nicht vorstellen. Aber ich danke Ihnen recht herzlich für die angenehme Heimfahrt!«

»Sie widersprechen sich, junge Dame. Sie sagen, Sie wohnen hier nicht, und doch bedanken Sie sich für die Heimfahrt? Was stimmt nun?«

Katharina wurde rot: »Nein, ich habe Sie nicht angelogen. Mein Zuhause ist wirklich woanders, aber fragen Sie bitte nicht weiter, es muss Ihnen genügen! Vielen Dank noch einmal, aber ich muss jetzt wirklich gehen.«

Katharina drehte sich um und lief eilig die Straße hinauf. Sie drehte sich immer wieder um, aber der junge Soldat stand immer noch an derselben Stelle. Sie kannte sich hier sehr gut aus und nahm eine Abkürzung, durch die er ihr sicher nicht folgen konnte. Sie wurde immer schneller. Jetzt war ihr der sympathische Soldat doch nicht mehr so ganz geheuer. Sie blickte sich immer wieder um, doch den Soldaten sah sie nicht mehr.

Aufgeregt und völlig aufgelöst läutete Katharina die Türglocke der Wagnerschen Villa.

Als Hildegard öffnete, flog Katharina in ihre Arme.

»Ach Katharina, wie schön, dass du wieder da bist!«, rief sie. »Ich habe dich so vermisst! Als du weg warst, habe ich erst gemerkt, wie lieb ich dich habe.« Hildegard ließ Katharina gar nicht mehr los.

Gustav und Hermine kamen dazu und freuten sich genauso, Katharina wiederzusehen.

»Deine Mutter war hier, Katharina«, berichtete Gustav, als sie sich alle etwas beruhigt hatten.

Katharina starrte ihn mit offenem Mund an.

»Mein Gott«, sagte sie enttäuscht. »Und ich hatte doch geglaubt, sie suchen zu müssen. Und wo ist sie jetzt?«

»Wir sollen dir ausrichten, dass du bei uns bleiben sollst. Sie wurden nach Prenzlau gebracht. Mittlerweile sind sie jedoch schon weitergereist. Deine Mutter wusste nicht wohin, aber sie hat mehrmals gebeten, dir auszurichten, dass du bitte bei uns bleiben sollst. Ich soll dir auch ausrichten, dass sie dich über alles liebt und sehr stolz auf dich ist. Sie ist den ganzen Weg von Prenzlau hierher gelaufen, weil sie es dir sagen wollte. Wir sind wirklich froh, dass du wohlbehalten wieder da bist!«

Katharina weinte vor Enttäuschung. Warum war sie nur nicht dageblieben. Sie würde sich immer Vorwürfe machen.

Lautes Klopfen und Rufen an der Tür unterbrach ihre Gedanken.

Gustav ging stirnrunzelnd zur Tür. Kaum hatte er sie geöffnet, stürmten zwei russische Soldaten ins Haus. Hinter ihnen standen zwei Briten, die vor der Tür stehenblieben.

»Zeigen Sie uns ihre Ausweise!«, brüllten die Rotarmisten. Zitternd holte Hermine ihre Ausweise aus der Küche.

»Und Ihr Ausweis!«, schrie er Katharina an, die starr vor Entsetzen dastand.

Der Rotarmist schrie: »Ausweis, oder ich erschieße Sie sofort!« Dabei fuchtelte er mit seinem Gewehr vor Katharinas Gesicht herum.

Katharina zitterte am ganzen Körper und war völlig bewegungsunfähig. In diesem Augenblick stellte Gustav sich vor Katharina. Er schob das Gewehr zur Seite und sagte so ruhig er konnte: »Sie ist noch ein Kind. Sie brauchen doch keine Waffe, um ihren Ausweis zu bekommen.«

Der Russe sagte noch einmal: »Ausweis, aber schnell!« Doch diesmal schrie er nicht so laut; denn auch der daneben stehende Offizier gebot ihm mit einer Handbewegung, sich zu mäßigen.

Katharina holte mit zitternden Fingern ihren Pass aus der Rocktasche. Sofort sahen sie, dass Katharina in Russland geboren war.

»Mitkommen!«, schrie der Russe nun wieder.

Gustav sagte: »Nein, sie wohnt schon seit drei Jahren hier. Ihr könnt sie nicht einfach so mitnehmen!«

»Doch, mitkommen!«, befahl nun auch der sowjetische Offizier und zog seine Pistole.

Der Rotarmist packte Katharina, während der Offizier seine Pistole auf Gustav richtete und drohend sagte: »Vorsicht! Sonst gehen Sie auch mit!«

Sie waren genauso schnell verschwunden, wie sie gekommen waren. Gustav, Hermine und Hildegard standen eng umschlungen und weinten.

Die Russen brachten Katharina zunächst nach Berlin. Nachdem die Gefangenentransporte schon weg waren, wurde sie in einer kleinen bewachten Gruppe direkt nach Laterusk gebracht. Allerdings wurde sie wesentlich korrekter behandelt als die anderen Gefangenen.

Was so ein feines Kleid doch alles bewirken kann, dachte sich Katharina.

Im Gefangenenlager in Laterusk meldete sie sich wie befohlen im Büro, um sich als neue Insassin eintragen zu lassen. Doch sie musste warten, weil der zuständige Milizionär nicht da war. Währenddessen kam eine entfernte Verwandte Katharinas vorbei und erkannte sie. Sie trat zu ihr hin und flüsterte ihr etwas ins Ohr.

Katharina erbleichte und erklärte ihrem Bewacher, dass sie schnell auf die Toilette müsse. Der Soldat nickte desinteressiert.

Katharina beeilte sich, um ihrer Verwandten zu folgen. Als sie in die Baracke kam, glaubte sie ihren Augen nicht zu trauen. Elisabeth lag völlig abgemagert auf ihrer Pritsche und konnte kaum den Kopf heben. Neben ihr saß völlig geschwächt ihre Mutter.

»Mama, Elisabeth!« Es klang wie ein Aufschrei aus tiefster Seele.

Müde drehte sich Maria nach ihr um. »Katharina! Mein Kind! Um Gottes willen, wie kommst du denn hierher?«

Katharina konnte nicht antworten. Sie wagte es kaum, die Mutter zu umarmen, weil sie Angst hatte, ihr weh zu tun.

»Elisabeth! Warum liegst du im Bett?«, fragte sie ungläubig.

»Sie kann vor Schwäche nicht mehr laufen«, antwortete Maria für sie, weil Elisabeth schon das Weinen überanstrengte.

»Und wo ist Anna?«, fragte Katharina ängstlich, als würde sie die Antwort bereits kennen.

»Sie ist vorgestern gestorben. Wir haben sie in dem Schuppen versteckt, weil wir für sie eine richtige Beerdigung haben wollten. Wir waren nur zu schwach, den Sarg zu holen.«

Katharina überlegte nicht lange. Sie ging in die Fabrik, in der Elisabeth und Anna gearbeitet hatten, und erbat sich dort einen Sarg. Sie sagte allerdings nicht, für wen sie ihn benötigte. Sie wäre die Schwester von Anna und Elisabeth und sie bräuchte ihn für ihre Schwester.

Die Vorgesetzte gab Katharina den Sarg in dem Glauben, er wäre für Elisabeth. Sie wusste, dass Anna vor zwei Tagen gestorben war, und Elisabeth war heute nicht zur Arbeit erschienen. Also ging sie zu ihrem Meldebuch und schrieb unter Elisabeths Namen: »Verstorben.«

Katharina lieh sich einen Leiterwagen, stellte den Sarg darauf und fuhr ihn direkt vor den Schuppen, in den man den Leichnam ihrer Schwester gelegt hatte. Sie zögerte kurz, bevor sie in den Schuppen trat. Ihre kleine Schwester Anna! Katharina liefen eiskalte Schauer über den Rücken. Als sie dann den leblosen Körper ihrer Schwester sah, brach sie zusammen. Weinend kniete sie sich vor Anna hin, nahm ihre kleine, dünne Hand und streichelte sie. Es tat ihr so furchtbar Leid, dass sie nicht rechtzeitig gekommen war. Vielleicht hätte sie Anna retten können.

Schwerfällig stand Katharina auf. Sie musste jetzt stark sein. Ihre Mutter und Elisabeth brauchten sie. Sie legte Anna behutsam in den mitgebrachten Sarg und verschloss ihn wieder. Sie war selbst überrascht, wie leicht der kleine Körper war. Dann schleifte sie den Sarg zur Schuppentür, wo ihre Mutter und Elisabeth warteten. Sie schob den Sarg quer über den Leiterwagen und setzte Elisabeth davor hinein. Maria konnte sich beim Gehen auf den Sarg stützen.

So gingen sie zum Ausgang des Gefangenenlagers. Dort stand nur ein Aufseher. Katharina wandte sich ab und zog zwei größere Dollarscheine aus ihrer Unterwäsche. Einen davon gab sie dem Aufseher.

»Schreiben Sie in ihr Buch, dass Maria, Elisabeth und Anna Bergan tot sind!«, befahl sie ihm.

Der Aufseher grinste verständnisvoll und winkte mit dem Schein.

Katharina gab ihm auch noch den zweiten und flüsterte ihm zu: »Das ist ein Jahresgehalt für dich, also mach endlich das Tor auf!«

Der Aufseher sah sich um, steckte die Geldscheine ein und öffnete das Tor.

Katharina schob den Leiterwagen zu einem Feldweg. Als sie von dem Lager aus nicht mehr gesehen werden konnten, holte sie wortlos die Schaufel aus dem Wagen und begann zu graben. Katharina grub wie eine Besessene. Der Zorn ließ sie die Grube in einer halben Stunde ausheben. Als sie tief genug war, ließen sie den Sarg einfach hineinplumpsen. Sie beteten weinend am Grab und nahmen Abschied von Anna. Katharina schaufelte die Erde auf den Sarg und drückte Steine in Form eines Kreuzes auf das Grab.

Dann half sie Maria in den Leiterwagen und zog ihn mit schier übermenschlichen Kräften bis zum Bahnhof. Sie hob Elisabeth auf ihre Arme und trug sie in die Schalterhalle. Sie kaufte drei Fahrscheine nach Karaganda, die sie mit einem Kleid aus der Tasche bezahlte, und der Bahnbeamte gab ihr dazu ein großes, frisches Brot. »Jetzt fahren wir zu Johann nach Karaganda!«, verkündete sie ihrer Mutter und ihrer Schwester.

Das war ihr Geheimnis gewesen. Denn die Verwandte im Gefangenenlager hatte ihr erzählt, dass ihr Bruder Johann mit seiner Frau in Karaganda lebte.

Gregor stellte seinen zehnten Antrag auf Ausreise zu seiner Familie. Mittlerweile hatte er erfahren, dass seine Mutter geschwächt, aber gesund wieder zu Hause bei seinen Schwestern war. Gregor hatte so große Sehnsucht nach seiner Familie, dass er es kaum noch aushalten konnte.

»Bitte, lassen Sie mich doch zu meiner Familie!«, bettelte er immer wieder. »Ich bin doch kein Verbrecher. Ich habe keiner Menschenseele etwas zu Leide getan!« Doch der Beamte schüttelte immer wieder bedauernd den Kopf. Er war kein Unmensch. Der junge Mann tat ihm wirklich leid. Darum brachte er Gregor auf eine Idee. »Warum stellen Sie nicht einfach einen Antrag, dass ihre Familie zu Ihnen kommen kann. Denn Sie dürfen hier ganz sicher nicht weg!«

»Also gut«, sagte Gregor strahlend. »Hauptsache, ich kann meine Familie wiedersehen!«

Wie ihm der Beamte geraten hatte, stellte er sofort einen entsprechenden Antrag. Hoffentlich war seine Familie auch damit einverstanden. Er konnte sie nicht fragen, aber er konnte sie hier gut ernähren. Gregor hatte seine Vorgesetzten durch seine Intelligenz und seinen Fleiß auf sich aufmerksam gemacht. Obwohl er nicht hatte studieren dürfen, wurde er eingesetzt wie ein Bergwerksingenieur und bezog ein entsprechendes Gehalt. Seine Vorgesetzten und selbst die örtlichen Parteifunktionäre waren ihm gewogen.

Gregor jubelte, als er den Bescheid bekam, dass seine Familie in zwei Monaten würde zu ihm ziehen dürfen. Dank seiner guten Beziehungen zur örtlichen Obrigkeit gelang es ihm, sich ein Grundstück eintragen zu lassen, und darauf baute er in jeder freier Minute an einem Haus für sich und seine Familie.

Als der große Tag gekommen war, zog er seinen besten Anzug an und fuhr mit einem geliehenen Panjewagen zum Bahnhof, um seine Familie abzuholen. Sie fielen sich in die Arme und weinten. Das war für Gregor der schönste Moment in seinem Leben.

Karaganda, Oktober 1945

Johann konnte es kaum glauben, als er seine Mutter und seine Schwestern Katharina und Elisabeth vor seinem Haus stehen sah.

»Kommt herein!«, rief er glücklich. »Ich hätte nie geglaubt, dass wir uns noch einmal lebend wiedersehen!«

Er nahm seine Mutter in die Arme und wollte sie gar nicht mehr loslassen, bis Maria leise sagte: »Johann, wie freue ich mich, dich wiederzusehen. Aber ich muss mich hinsetzen, sonst knicken mir die Beine ein.« Sie lächelte ihn glücklich an, als er sie hochhob und in der Küche sanft auf einen Stuhl setzte.

Auch Katharina setzte Elisabeth, die vor Schwäche nicht mehr stehen konnte, auf einen Stuhl.

Erst jetzt sahen sie das zierliche, hübsche Mädchen, das ganz schüchtern von einem zum anderen sah.

»Das ist meine Frau Marie!«, stellte Johann stolz vor.

Sie wurde von Maria herzlich aufgenommen, und sie stellte auch gleich ihre Kochkünste unter Beweis, indem sie aus den einfachen Zutaten, die ihr zur Verfügung standen, ein köstliches Festmahl schuf.

»Ihr müsst unsere Gäste sein, bis wir etwas Geeignetes für euch gefunden haben.«, sagte Johann glücklich, und Marie nickte zustimmend.

»Danke, Johann. Auch dir danken wir von Herzen, liebe Marie.«

Maria war gerührt von der spontanen Gastfreundschaft ihrer Schwiegertochter. Nach dem Essen fragte sie ihren Sohn: »Wie kommt es, dass du jetzt hier in Karaganda lebst?«

»Das ist eine lange Geschichte.« Johann lehnte sich in seinem Stuhl zurück und begann zu erzählen: »Als der Krieg ausbrach, wurde ich wie alle anderen zur Roten Armee eingezogen. Und als die Front immer näher rückte, wollte ich mich bei erster Gelegenheit den Deutschen ergeben, wie meine Brüder. Leider haben die Russen den Braten gerochen. Sie haben alle deutschstämmigen Soldaten ausgesondert und in ein Arbeitslager gesteckt.«

Maria wurde blass. »Nein!«

»Doch! Die Zustände dort kann man sich kaum vorstellen. Es war mir recht bald klar, dass ich dort nicht lange überleben kann. Durch einen glücklichen Umstand ist mir die Flucht gelungen. Richtung Westen konnte ich nicht fliehen. Dort wäre ich sofort den russischen Truppen in die Arme gelaufen. Also blieb mir nichts anderen übrig, als in den Osten zu fliehen. Ich lief Tag und Nacht, schlief unter freiem Himmel, hatte kaum etwas zu essen. Nach einer langen Odyssee und vielen Umwegen kam ich dann hier an. Die Familie von Marie nahm mich halbverhungert und am Ende meiner Kräfte auf. Ich brauchte Wochen, um wieder zu Kräften zu kommen. Als ich mich schließlich erholt hatte, fand ich in der Landwirtschaft Arbeit. Marie und ich lernten uns näher kennen und lieben und heirateten.«

Zärtlich strich er Marie über das Haar. Johann merkte, wie erschöpft seine Mutter war und verkürzte seine Erzählung auf das Wesentliche.

»Kurz nach der Eheschließung wurde die Miliz auf mich aufmerksam, und wir sahen keinen anderen Ausweg, als die gemeinsame Flucht. Hier in Karaganda wohnen nähere Verwandte von Marie, die bereit waren, uns zu helfen. Darum sind wir hierher geflohen. Seit dem lassen sie uns in Ruhe. Der Krieg ist vorbei, und es besteht keine Gefahr mehr, dass wir mit den Deutschen in Konflikt geraten.«

»Mein armer Junge!«, sagte Maria unter Tränen.

»Ihr müsst uns auch unbedingt berichten, wie ihr hierher gekommen seid, aber ich glaube, ich muss meine Neugier bis morgen zügeln. Ihr seid müde und müsst euch erst einmal ausruhen! Ich bin so froh, dass ihr drei noch am Leben seid! Wir werden euch wieder gesund pflegen, das verspreche ich euch!«

Johann und Marie legten Strohmatten auf den Boden, auf denen sie selbst schlafen wollten, und bestanden darauf, dass sich Maria, Elisabeth und Katharina das weiche, warme Doppelbett teilten. Sie protestierten zwar, weil sie ebenso gut auf den Strohmatten hätten schlafen können, aber Johann und Marie ließen sich nicht umstimmen.

In den darauf folgenden Wochen kamen Maria und Elisabeth allmählich wieder zu Kräften. Elisabeth und Katharina gingen dann bald auf Arbeitssuche zum nahegelegenen Kohlenbergwerk. Der Betriebsleiter war ein pragmatischer Mann, der keine dummen Fragen stellte, aber auch keine Rücksicht auf die schwache Konstitution der Bewerberinnen nahm.

»Ich habe im Moment nur einen Arbeitsplatz in der Tag- und einen in der Nachtschicht. Aber wenn es euch nichts ausmacht getrennt zu arbeiten, dann könnt ihr sie haben! Aber es sind eigentlich Arbeitsplätze für Männer. Wenn ihr euch dafür stark genug fühlt …«

»Ja, gern«, sagte Katharina. »Abgemacht! Morgen

früh kommt Elisabeth zur Arbeit. Mir macht es nichts aus, nachts zu arbeiten.«

»Wie ihr das regelt, ist eure Sache! Aber seid pünktlich! Den Lohn gibt es wöchentlich. Am Freitag nach Schichtende könnt ihr ihn bei mir im Büro abholen.«

Katharina war glücklich, dass ihre Arbeitssuche erfolgreich gewesen war. Sie stupste Elisabeth an der Schulter an, doch die sah gar nicht begeistert aus.

»Die Hauptsache ist doch, dass wir uns wieder ein wenig Geld verdienen können!«, sagte sie zu Elisabeth.

»Natürlich will ich auch arbeiten gehen, aber mir ist dieses dunkle Loch so gar nicht geheuer, in das ich hinunterfahren soll!«, erwiderte Elisabeth ängstlich.

»Du wirst dich schon noch daran gewöhnen! Bald merkst du es gar nicht mehr, dass du unter Tage bist!«

Doch ganz so einfach war es für Elisabeth nicht. Als sie am nächsten Morgen zur Grube kam, bekamen sie grobe Bergmannskluft und einen schweren Gürtel, an dem eine kleine Grubenlampe befestigt war.

Elisabeth wurde ganz schwindelig, als sie der großen schwarzen Öffnung immer näher kam. Krampfhaft versuchte sie, an etwas anderes zu denken, aber direkt vor dem Eingang blieb sie stehen. Sie konnte da nicht hineingehen!

Annegret, eine jüngere Frau deutscher Herkunft, die ebenfalls im Bergwerk arbeiten musste und die Elisabeth beobachtet hatte, ging zu ihr hin und nahm ihre Hand.

»Ich kann deine Angst sehr gut verstehen. Als ich zum ersten Mal da hinunter musste, bin ich auch fast gestorben. Aber wir Frauen bleiben immer zusammen, dann ist es nicht so schlimm.«

Während Annegret so auf Elisabeth einredete, zog sie sie einfach mit in den Aufzug.

Der Förderkorbschacht war nicht beleuchtet, und als es urplötzlich so finster war, dass Elisabeth noch nicht einmal ihre Hand sah, klammerte sie sich so fest an Annegrets Hand, dass diese vor Schmerzen kurz aufschrie.

»Es ist so furchtbar dunkel! Ich kann überhaupt nichts sehen!«, wimmerte Elisabeth. »Meine Lampe ist wohl auch kaputt! Ich komme nicht zurecht damit!«

»Atme tief durch und versuche dich zu beruhigen. Wir sind gleich da, und die Stollen sind auch wieder beleuchtet.«

Plötzlich war die rasende Fahrt in die Tiefe zu Ende.

»Schau dich um«, sagte Annegret beruhigend. »Jetzt kannst du schon die Umrisse der ersten Kohlenwagen wahrnehmen. Es wird immer besser, sobald sich deine Augen an die Dunkelheit gewöhnt haben!«

Annegret wartete geduldig auf Elisabeth, und die versuchte sich zur Ruhe zu zwingen.

Am Ende ihres ersten Arbeitstages hatte Elisabeth kaum einen Handgriff gemacht, weil sie sich an das Dämmerlicht und die stickige Luft nicht gewöhnen konnte. Als sie am Abend heimkam, weinte sie.

Maria Bergan hatte großes Mitleid mit ihrer Tochter. Sie brachte ihr eine Schüssel Wasser in den Garten und wusch ihr zärtlich den Kohlenstaub aus dem Gesicht und von ihren Händen.

Als sich Elisabeth endlich wieder halbwegs sauber fühlte, beruhigte sie sich wieder. Dankbar aß sie die heiße Kartoffelsuppe, die Maria gekocht hatte.

Maria hatte ein schlechtes Gewissen, weil sie zu

schwach zum Arbeiten war. Aber sie half ihrer Schwiegertochter im Haushalt, so gut sie konnte.

»Ich bin gespannt, wie Katharina in der Kohlengrube zurechtkommt!«, sagte Elisabeth müde. Heute wollte sie ganz früh zu Bett gehen.

Am nächsten Tag war ihre Schonfrist vorbei. Die Frauen mussten nicht in die Kohlenflöze, in denen die Hauer arbeiteten. Ihre Aufgabe war es, für den Transport der Kohle über Tage zu sorgen. Diese kam in Kipploren, so genannten Hunten, aus den tieferen Bereichen der Grube, in denen die Kohle abgebaut wurde. Die Hunten wurden von einer kleinen Elektrolok hochgezogen. Oben wurde die Kohle aus den kleinen Hunten in große Behälter umgeladen. Dafür fuhren sie über eine spezielle Vorrichtung, die diese Loren zum Kippen brachten und gleich wieder aufrichteten.

Damit die gefüllten Loren auf dem Transport nach oben ihre Fracht nicht vorzeitig auskippen konnten, waren sie mit einem dicken Drahtseil gesichert. Bevor ein Hunt auf die Kippvorrichtung fuhr, mussten Elisabeth und Annegret die Sicherheitshaken an der jeweiligen Lore lösen.

An Elisabeths drittem Arbeitstag passierte das Unglück. Das Stahlseil verklemmte sich in einem Laufrad und brachte die Lore zum Kippen, bevor sie sich auf der Kippvorrichtung befand. Elisabeth bemerkte es nicht, weil sie sich gerade unter den vorderen Wagen beugte. Aber die erfahrenere Annegret sprang zu Elisabeth und riss sie zur Seite. Im gleichen Augenblick kippte der Hunt von den Schienen und leerte die gesamte Tonne Kohle an der Stelle aus, an der Elisabeth soeben noch gestanden hatte.

Geistesgegenwärtig lief eine andere Arbeiterin zum Notausschalter und betätigte ihn, da sonst auch alle nachfolgenden Loren umgekippt wären.

Erst als sich die Staubwolke gelegt hatte, wurde Elisabeth bewusst, was gerade passiert war.

Annegret umarmte sie. »Jetzt haben wir aber wirklich Glück gehabt!«

Elisabeth konnte im Dunkeln erkennen, wie erleichtert die Kollegin war.

»Danke, Annegret! Du hast mir gerade das Leben gerettet!«, stammelte Elisabeth.

Der Nothalt rief die ganzen Grubenarbeiter zusammen. Die Männer wussten, wie sie den Wagen wieder auf die Gleise bringen konnten, und sie schafften dies mit vereinten Kräften.

Die Frauen packten sich die Schaufeln und beförderten die Kohle wieder in den Wagen. Das war sehr harte Arbeit, weil der Wagen rund eineinhalb Meter hoch war. Sie schaufelten so schnell wie möglich, weil der gesamte Arbeitsablauf gestoppt war.

»Was ist denn jetzt schon wieder los?« Nun kam auch der Schichtführer schimpfend herunter gelaufen. »Es kostet eine Menge Geld, wenn der gesamte Kohlentransport gestoppt wird! Ihr könnt doch nicht einfach den Notausschalter betätigen! Was fällt euch ein?«

Dann erst sah er, was passiert war. Während die Frauen wortlos die Kohlen wieder in den Wagen schaufelten, brachte er das Stahlseil wieder in die richtige Position.

»Ist ja noch einmal gutgegangen!«, sagte er im weggehen.

Als Elisabeth sich an diesem Abend im Garten wusch, sah sie, dass ihre Arme und Beine von zahlreichen kleinen Schürfwunden übersät waren. Aber noch schlimmer waren die Muskelschmerzen vom Schaufeln. Sie fiel todmüde ins Bett und wachte erst am nächsten Morgen auf, als Maria sie weckte.

»Du Ärmste musst jetzt leider aufstehen. Du darfst nicht zu spät kommen!«, sagte sie besorgt.

Elisabeth tat alles weh, aber sie riss sich zusammen, stand auf und ging zur Arbeit.

Katharina und Annegret sollten recht behalten. Schon bald hatte sich Elisabeth an die Dunkelheit und den Kohlenstaub gewöhnt. Nur wenn die Batterie ihrer Lampe vor Schichtende ausging und sie auf das trübe Grubenlicht angewiesen war, fühlte sie sich unwohl. Aber es half ihr zu wissen, dass Annegret und die anderen Frauen in ihrer Nähe waren. Noch nie hatte Elisabeth ein solches Gemeinschaftsgefühl erlebt, und nur deswegen war sie auch in der Lage, diese harte und gefährliche Arbeit durchzuhalten.

Nach einem Jahr harter Arbeit konnten sich Elisabeth, Katharina und Maria ein eigenes kleines Reihenhaus kaufen. Es lag in der gleichen Straße, in der Johann und Marie wohnten. Es war ein ganz einfaches Haus, aber sie waren froh, etwas Eigenes zu besitzen. Vor allem hatten sie schon ein ganz schlechtes Gewissen gegenüber Johann und Marie, weil sie deren Gastfreundschaft schon so lange in Anspruch genommen hatten.

Das Zimmer von Johann und Marie hatten sie mit einem Vorhang geteilt, damit das junge Paar wenigstens ein wenig Privatsphäre hatte. Johann und Marie hatten sich jedoch in dem Jahr kein einziges Mal beschwert. Ganz im Gegenteil: Sie hatten ihrer Mutter und den

Schwestern immer das Gefühl gegeben, wirklich willkommen zu sein.

Der Winter brach herein. Elisabeth und Katharina nähten sich mit Watte gefütterte Hemden und Hosen, die sie unter ihrer Arbeitskleidung trugen. Bei 30 Grad unter Null hätten sie sich sonst im Bergwerk kaum bewegen können, weil sie so froren. Denn unter Tage herrschten zwar immer gleichbleibende Temperaturen, aber der ständig auf und ablaufende Förderkorb wirkte wie eine Luftpumpe, so dass es in der Nähe des Schachtes richtig kalt wurde.

Als es endlich anfing zu schneien, wurde es etwas milder. Allerdings mussten sie sich nun den Weg aus dem Haus erst frei schaufeln. Der Wind hatte den Schnee so stark an die Häuser geweht, dass er stellenweise fast zwei Meter hoch war. Deshalb standen die Schneeschaufeln den ganzen Winter über griffbereit im Haus .

Elisabeth machte es nichts aus, Schnee zu schaufeln, bevor sie zur Arbeit ging. Sie liebte den Schnee, weil er alles so hell und sauber erscheinen ließ, was sonst von einer dicken Schicht Kohlenstaub bedeckt war.

Am Sonntag kletterten Katharina und Elisabeth aufs Dach, um dann auf einem alten Autoschlauch herunter zu rutschen. Sie lachten und waren unbeschwert und glücklich. Das zog die Nachbarn an, die den provisorischen Schlitten bewunderten und es kurzerhand nachahmten.

Waldemar und Olga, die neuen Nachbarn von Elisabeth und Katharina, kamen mit Alexander, einem Freund Waldemars, herüber. Zu fünft hatten sie dann noch mehr Spaß.

Da nicht genügend Schläuche zur Verfügung standen, teilte sich Katharina den ihren mit Alexander. Bald schon rutschten sie gemeinsam die Dachschräge hinunter, tollten im Schnee herum und machten eine Schneeballschlacht.

So glücklich und ausgelassen hatte Elisabeth ihre Schwester schon lange nicht mehr gesehen. Sie gönnte es ihr auch von Herzen, als sie bemerkte, das Alexander Katharinas Gefühle erwiderte. Es wurde dann zur Gewohnheit, dass Alexander die Sonntage mit Katharina verbrachte.

Eines Tages besuchte Marie ihre Schwägerin Elisabeth mit strahlendem Gesicht.

»Was hast denn du erlebt? Du bist ja ganz verändert?«, fragte Elisabeth, die am Ofen saß und strickte.

»Stell dir vor, meine beste Freundin ist nach Karaganda gezogen! Ich habe sie mir so sehr in meine Nähe gewünscht, und jetzt sind sie hierher zu ihrem Bruder gezogen, weil der nicht nach Hause darf. Ich besuche sie morgen. Du, Elisabeth, komm doch einfach mit. Ihr Bruder soll ein gutaussehender junger Mann geworden sein!«, neckte sie Elisabeth mit einem Augenzwinkern.

Elisabeth errötete.

»Er ist neunzehn Jahre alt«, fuhr Marie fort, »also genau ein Jahr älter als du! Das passt doch hervorragend!«

Marie wurde von ihrer Idee immer begeisterter.

»Also abgemacht! Du kommst morgen mit!«

Sie verschwand schnell, damit Elisabeth nicht nein sagen konnte.

Am nächsten Nachmittag gingen Marie und Elisabeth zu Greta, Marianne und Gregor.

Deren Mutter war unterwegs, um Besorgungen zu machen. Sie hatten sich alle viel zu erzählen, und Marie beobachtete fasziniert, wie zwischen Gregor und Elisabeth erste zarte Bande gesponnen wurden.

Von diesem ersten Abend an, an dem sich Gregor und Elisabeth kennengelernt hatten, verbrachten die beiden jungen Leute ihre Freizeit immer häufiger zusammen.

Bei jedem Treffen zauberte Gregor irgendwelche Leckereien aus seiner Jackentasche, die er für viel Geld in der Stadt gekauft hatte.

Elisabeth schwebte auf rosaroten Wolken. Ein Mann, der sie verwöhnte, der sein schwer verdientes Geld ausgab, um sie, Elisabeth, zu überraschen. Sie war vollkommen hingerissen von Gregor.

Andererseits hatte sie große Angst, dass Gregor für immer in Karaganda bleiben wollte. Elisabeth war sich ganz sicher, dass sie unbedingt wieder nach Deutschland wollte. Hier in Russland wollte sie eigentlich keine Familie gründen.

»Mama, ich weiß nicht, was ich tun soll, wenn Gregor hier bleiben will!«, sagte sie eines Abends zu ihrer Mutter.

»Rede mit ihm darüber! Wenn er dich lieb hat, werdet ihr schon eine gemeinsame Lösung finden!«, riet ihr Maria.

Maria verschwieg ihrer Tochter, dass sie selbst auf jeden Fall wieder nach Deutschland flüchten wollte. Diesmal würde es wahrscheinlich etwas länger dauern, weil sie sich alt und schwach fühlte, aber es bestand für sie kein Zweifel, dass sie es noch einmal versuchen würde. Ihr größter Wunsch war es, in ihrer Heimat sterben zu dürfen.

Bei einem ihrer ausgedehnten Spaziergängen, brachte Elisabeth das Thema endlich zur Sprache. »Mein größter Wunsch wäre es«, vertraute sie Gregor an, »wieder nach Deutschland zu flüchten!«

Während Elisabeth auf Gregors Reaktion wartete, hielt sie den Atem an. Gregor nahm sie sanft in den Arm und sagte: »Wir zwei schaffen es sicher auch, legal auszureisen. Sobald wir geheiratet haben, stellen wir einen Ausreiseantrag. Ich möchte auch schnellstmöglich aus Russland auswandern, weil ich unseren Kindern dieses Leben in ständiger Angst ersparen möchte. Sie sollen es einmal besser haben als wir!«

Elisabeth schmiegte sich an Gregors Schulter. Nun war sie sich sicher, dass sie den Mann ihres Lebens gefunden hatte.

Einige Monate später zog Gregor den einzigen Anzug an, den er besaß und machte sich auf den Weg in die nahegelegene Stadt, um einen Blumenstrauß zu kaufen. Er wusste nicht, wo es Blumen zu kaufen gab, und lief stundenlang in der Stadt herum, bis er ein kleines Geschäft entdeckte, in dem außer einigen Utensilien auch Blumen angeboten wurden.

Dass Blumen so teuer sein können, konnte sich Gregor kaum vorstellen. Aber er war glücklich, einen schönen, wenn auch kleinen Strauß bekommen zu haben.

Aufgeregt und mit feuchten Händen besuchte er nun Elisabeth. Als Maria ihm die Tür öffnete, ahnte sie schon, was gleich geschehen würde. Gregor hielt in aller Form um die Hand ihrer Tochter Elisabeth an.

Maria war ganz aufgeregt und glücklich: »Natürlich, wenn Elisabeth dich heiraten will, bekommt ihr meinen Segen für eure gemeinsame Zukunft!«

Und Elisabeth wollte!

Gregor und Elisabeth mussten ihre Heirat bei der Kommandantur, bei der sie sich jeden Monat melden mussten, beantragen.

Der Beamte sah sie abfällig an. Er grinste böse, als er sagte: »Aber ihre Frau darf sich nicht Giesheim nennen! Sie muss weiterhin eine Bergan bleiben, damit immer nachvollzogen werden kann, dass sie eine Verräterin ist! Die Kinder dürfen allerdings den Nachnamen des Vaters annehmen«, fügte er großzügig hinzu. »Ach, und noch etwas! Sie müssen hier in Karaganda bleiben. Die Rückkehr in ihr Heimatdorf in der Ukraine ist Ihnen strikt verboten«, sagte er mit Schadenfreude.

Gregor und Elisabeth fragten nicht nach dem Grund, sondern warteten die weiteren Worte des Milizionärs ab, der großspurig erklärte.

»Die Häuser in den ehemaligen deutschen Dörfern wurden loyalen Russen gegeben, die ihrem Vaterland treu gedient haben.«

Elisabeth hätte ihm am liebsten gesagt, dass sie ohnehin nicht in die Ukraine wollte. Aber sie senkte nur den Blick, damit er nicht erkennen konnte, wie die Wut in ihr aufstieg, die Wut auf dieses Willkürregime. Als sie endlich gehen durften, atmeten beide auf.

Es war für Deutsche sehr gefährlich, in irgendeiner Weise aufzufallen. Ein Mitarbeiter der Kommandantur konnte nach eigenem Gutdünken entscheiden, ob er jemanden festnehmen ließ.

Elisabeth war sehr traurig, dass sie nicht Giesheim heißen durfte, aber Gregor nahm sie fest in den Arm und tröstete sie: »Wir bleiben sowieso nicht mehr lange hier, und in Deutschland werden wir sicher alle einen Namen tragen dürfen. Hauptsache ist doch, dass wir jetzt heiraten können!«

»Du hast Recht, Gregor! Wir müssen so schnell wie möglich hier weg!«

Die Hochzeitsvorbereitungen nahmen Elisabeth vollständig in Beschlag. Sie ging immer wieder in die Stadt, um nach Stoffen für ihre Aussteuer, und vor allem für ihr Hochzeitskleid zu suchen. Es war in der Sowjetunion der Nachkriegszeit allerdings gar nicht so einfach, schöne Stoffe zu finden.

Als sie wieder einmal in die Stadt gehen wollte, sagte Katharina: »Heute begleite ich dich. Gemeinsam finden wir sicher ein Geschäft, das Stoffe anbietet!«

»Es ist wirklich schwer«, sagte Elisabeth ein wenig bedrückt. »Ich weiß nicht, wo ich noch suchen könnte.«

»Lass den Kopf nicht hängen. Heute finden wir sicher etwas Schönes!«, sagte Katharina gut gelaunt.

Für Elisabeth war es sehr viel angenehmer, mit ihrer Schwester zusammen in die nahe gelegene Stadt zu gehen. Katharina hatte sich bei Elisabeth eingehakt. Fröhlich berichtete sie Elisabeth von ihren letzten Treffen mit Alexander.

»Du glaubst gar nicht, wie aufmerksam und lieb er zu mir ist!«, schwärmte Katharina. »Nächste Woche wollen wir in den Besucherpark fahren, der im Norden von Karaganda eröffnet hat. Ich bin schon so gespannt, was es dort alles zu sehen gibt. Du, Elisabeth, wie wäre es denn, wenn du und Gregor mitkommen würdet?« Katharina wartete die Antwort gar nicht ab, sondern bestimmte: »Natürlich kommt ihr mit! Es muss doch langweilig sein, immer nur lange Spaziergänge zu machen!«

»Ich gehe sehr gerne mit Gregor spazieren!«, widersprach Elisabeth leise, und eine leichte Röte überzog ihre blassen Wangen.

Katharina unternahm mit Alexander die unglaublichsten Ausflüge, aber ihr selbst genügte es, wenn sie mit Gregor allein war. Sie genoss seine Nähe und die Natur. Sie unterhielten sich sehr angeregt über alle möglichen Dinge, die sie beschäftigten und die nur sie beide etwas angingen. Manchmal liefen sie aber auch schweigend Hand in Hand durch die Felder und jeder hing seinen eigenen Gedanken nach. Es war nie eine unangenehme Stille, sondern ein Gefühl der Verbundenheit und Ruhe. Elisabeth war gewiss genauso glücklich wie Katharina, aber sie war es auf eine stillere Weise und konnte es nicht so überschwenglich zum Ausdruck bringen.

»Das weiß ich doch! Es war auch gar nicht böse gemeint! Aber es wäre doch wirklich schön, wenn wir wieder einmal einen Tag gemeinsam verbringen würden, oder?«, entgegnete Katharina mit schlechtem Gewissen. Sie hätte sich ohrfeigen können für ihre vorschnellen Bemerkungen.

»Ja, ich würde mir auch gern den Besucherpark anschauen. Ich frage heute Abend Gregor, ob wir mitgehen.«

»Also gut«, antwortete Katharina zufrieden. »Du, Elisabeth, schau, da vorn sind Stoffballen im Schaufenster. Lass uns einmal einen Blick hinein werfen. Vielleicht haben wir ja Glück!«

Tatsächlich fanden sie in diesem Geschäft einen feinen weißen Stoff und schöne Spitzen für Elisabeths Brautkleid. Es gab auch gröberes Leinen für die Tischdecken und weiche Stoffe für die Bettwäsche.

Elisabeth schwebte wie auf Wolken. Die Stoffe waren für sie ein Traum.

»Da haben Sie wirklich Glück gehabt!«, lächelte die Verkäuferin hinter dem Tresen. »Die Stoffe habe ich gestern erst hereinbekommen. Es ist die erste Lieferung von Nachkriegsware, die bis Karaganda gekommen ist. Wenn sich das herumgesprochen hat, sind wir in einem Tag ausverkauft.«

Elisabeth und Katharina trugen ihre Schätze glücklich nach Hause und zeigten sie sogleich ihrer Mutter, die sie ausgiebig bewunderte.

Elisabeth ging mit den Stoffen zu ihrer Freundin Agnes, die ihr den Stoff und die Spitze für das Hochzeitskleid nach einem Schnittmuster zuschnitt.

»Es ist ein traumhafter Stoff, den du gekauft hast!«, lobte sie Elisabeth. »Der lässt sich gut verarbeiten! Wo hast du ihn denn her?«

Elisabeth beschrieb ihr den Weg zu dem Geschäft.

»Ja, den Laden kenne ich. Mal sehen, ob ich das Glück habe, auch noch ein paar Meter zu bekommen.«

Elisabeth hatte es nun eilig, ihr Kleid zu nähen und verabschiedete sich schnell von Agnes.

Nachdem Gregor zugestimmt hatte, fuhren sie an einem Sonntag gemeinsam mit Katharina und Alexander zu dem neu eröffneten Besucherpark.

»Schau, da können wir mit der Pferdekutsche fahren«, rief Katharina begeistert. Ihre Wangen waren vor Aufregung gerötet.

Elisabeth bewunderte ihre Schwester. Sie fand sie so schön. Katharina hatte die Gabe, sich mit einfachsten Mitteln hübsch zu machen. Sie hat einen sehr guten Geschmack, stellte Elisabeth neidlos fest. Sie freute sich, wenn Katharina so glücklich und gelöst war.

Alexander und Gregor teilten sich die Kosten für die Kutschfahrt und halfen Elisabeth und Katharina auf den Wagen. Sie fuhren eine ganze Stunde durch den Park und konnten sich alles ganz genau anschauen.

»Nachher müssen wir noch unbedingt auf den Kamelen reiten!«, rief Katharina, als sie die Tiere entdeckte.

»Ich möchte zwar nicht auf ihnen reiten, aber wir kommen natürlich mit«, erwiderte Elisabeth lachend.

Als sie bei den Kamelen waren, konnte es Katharina kaum erwarten, auf ein solches Tier zu steigen.

»Es ist gar nicht so einfach!«, rief Katharina, während sie mit ihrem langen Rock kämpfte.

Als sie endlich auf dem Kamel saß, stand es langsam auf.

Katharina kreischte vor Vergnügen, doch als sich das Tier mit den Hinterbeinen zuerst aufrichtete, konnte sich Katharina nicht mehr halten und fiel kopfüber herunter.

Elisabeth, Gregor und Alexander liefen erschrocken zu ihr hin, aber sie versuchte schon wieder aufzustehen. Alexander und Elisabeth halfen ihr wieder auf die Beine.

»Ich glaube, ich lasse es lieber«, jammerte Katharina: »Das Reiten ist wohl doch nichts für mich!« Mit schmerzverzerrtem Gesicht rieb sie sich die geprellte Schulter.

Der schadenfrohe Blick des Kameltreibers trübte kurzzeitig die gute Stimmung, aber nur bis sie alle den Eisverkäufer entdeckten. Auch wenn er nur ein einfaches Wassereis anbot – es war eine Sensation. Mit einem Eis in der Hand, machten sie sich langsam wieder auf den Heimweg.

Am 11. Oktober 1951 schworen sich Elisabeth und Gregor ewige Treue. Elisabeth sah unglaublich schön aus in ihrem selbst genähten Kleid. Sie strahlte vor Glück, und Gregor war sehr stolz auf seine Braut. Er liebte ihre zurückhaltende und zufriedene Art. Er sah sie verliebt an, nahm sie ganz fest in die Arme und küsste sie.

Zur anschließenden Feier waren alle Familienmitglieder und die engsten Freunde eingeladen. Katharina hatte mit Alexanders Hilfe alle Möbel zur Seite geschoben, um Platz zu schaffen für weitere Tische. Der kleine Raum war gewiss nicht dazu geeignet, so viele Gäste aufzunehmen, aber Katharina gab sich große Mühe, alles so festlich wie möglich herzurichten.

Sie hatte weiße Tischdecken genäht und bei Nachbarn und Freunden Geschirr geborgt, da die wenigen Teller und Gläser, die sie besaßen, niemals für alle gereicht hätten. Am Tag zuvor hatte sie bei einem Spaziergang noch Blumen gepflückt und zauberte nun daraus die schönste Tischdekoration.

Gregor hatte ein Schaf gekauft, und so konnten sie ihren Hochzeitsgästen ein Festmahl bieten, wie sie es aus den glücklicheren Tagen der Vorkriegszeit kannten. An diesem Tag waren alle Sorgen und Ängste vergessen, und sie feierten ein ausgelassenes Fest.

Gregor Giesheim zog fürs Erste in das kleine Haus von Maria, Elisabeth und Katharina Bergan ein. Auch Katharina und Alexander heirateten sehr bald nach Gregors und Elisabeths Hochzeit.

Bald schon nach der Hochzeit merkte Elisabeth, dass sie schwanger war. Sie freuten sich sehr auf ihr erstes Kind.

»Du darfst jetzt nicht mehr die körperlich schwere Arbeit in der Kohlengrube verrichten!«, erklärte Gregor bestimmt. »Ich werde gleich morgen den Zechenleiter bitten, dass er dich zu mir nach unten lässt. Du kannst dort neben dem Förderband sitzen und den Schalter bedienen«, sagte Gregor zu Elisabeth.

Der Zechenleiter war einverstanden. Er konnte Gregor fast keinen Wunsch abschlagen, weil er sein fleißigster Mitarbeiter war. Wenn es notwendig war, Doppelschichten zu fahren, konnte er sich immer auf Gregor verlassen. Während die russischen Arbeiter ab und zu wegen des zu hohen Wodkakonsums ausfielen, hatte Gregor, seit er dort arbeitete, noch keinen einzigen Tag gefehlt.

Allerdings musste Elisabeth jetzt auch nachts arbeiten. Gregor sprengte mit seinem Trupp von Bergleuten hinten im Flöz die Kohle von den Wänden und schaufelte sie auf das Förderband. Elisabeth saß am anderen Ende des Förderbandes und musste es stoppen, sobald ein Hunt mit Kohlen gefüllt war, und wieder einschalten, wenn der nächste leere Hunt unter dem Band stand.

Da sie die Nachtarbeit nicht gewöhnt war, geschah es immer wieder, dass sie kurz einschlief und erst aufwachte, wenn die Kohlen auf den Boden fielen. Dann kam Gregor zu ihr und half ihr, die Kohlen in den nächsten Wagen zu schaufeln, während seine Männer im Flöz weiterarbeiteten.

Elisabeth war es sehr unangenehm, aber Gregor schimpfte nicht, weil sie, seit sie schwanger war, immer müde war und überall einschlief.

Bald hatten sie das Geld für ein kleines freistehendes Haus zusammengespart. Denn die kleinen russischen Holzhäuser waren billig in Karaganda. Sie verkauften das Reihenhäuschen und nahmen Maria mit in ihr neues Heim.

Da das Häuschen nur ein Zimmer und eine kleine Wohnküche hatte, baute Gregor gleich noch zwei weitere Zimmer an. Dazu besorgte er sich im Kohlenbergwerk aussortiertes Schalungsholz. Das waren vier Zentimeter starke, dreißig Zentimeter breite und einen Meter lange Holzbretter. Gregor verband sie, indem er sie überlappend aneinander nagelte. Verputzt wurde das Ganze mit einer Mischung aus Lehm, Sägemehl und Wasser. Auf das Dach wurde als Wärmedämmung eine dicke Schicht Kohlenasche gestreut und mit einer Lage Dachpappe abgedeckt. Nachdem der Lehmverputz an den Innen- und Außenwänden trocken war, wurden die Wände weiß gekalkt.

Auch der Fußboden war aus Lehm. Er wurde mit Brettern abgedeckt, damit es wohnlicher und wärmer war.

Gregors und Elisabeths Haus hob sich bald von den umliegenden Häusern ab, da Gregor sehr viel Zeit und Liebe in den Ausbau investierte. Er arbeitete unermüdlich, und als das Haus fertig war, kaufte er besseres Holz und zimmerte Komoden und Kleiderschränke.

Um im Sommer nicht auf den Stufen vor dem Haus sitzen zu müssen, baute er eine lange Holzbank. Die Nachbarn und Freunde hielten sich gerne bei Elisabeth, Gregor und Maria auf, da es dort am gemütlichsten war.

Elisabeth war eine sehr gastfreundliche Frau, die ihre Gäste immer mit allem bewirtete, was sie im Hause hatte, und alle ließen sich gern von ihr verwöhnen.

Maria holte zu jeder Gelegenheit ihre Gitarre hervor, die ihr Elisabeth und Katharina einmal zum Geburtstag geschenkt hatten, und spielte deutsche Lieder, bei denen alle gern mitsangen.

Es waren diese Abende, an denen sie sich in einer besseren Welt fühlten, in der sie keine Angst mehr empfanden vor der Willkür des Stalinismus, und an denen sie sich fühlten, als wären sie bereits in Deutschland.

… während ihrer Erzählung liefen meiner Mutter immer wieder Tränen über das Gesicht, in die das Leben tiefe Furchen geschnitten hatte. Langsam richtete sie den Blick wieder auf mich.

Während sie mit der einen Hand die Tränen abwischte, legte sie die andere auf meine Hand und sagte eindringlich:

»Ich bin so froh, dass dir das alles erspart geblieben ist. Vergiss das nie und sei dankbar. Vielleicht verstehst du jetzt, dass ich dich immer darum gebeten habe, nie unbedacht etwas Essbares wegzuwerfen. Es gab Zeiten, in denen hätten wir alles für ein Stückchen Brot gegeben.«

Gregor und Elisabeth stellten einen Ausreiseantrag nach dem anderen, die alle abgelehnt wurden. Maria Bergan verlor bis zu ihrem Tod nicht die Hoffnung, eines Tages nach Deutschland, in das Land zurückkehren zu dürfen, das sie als ihre wahre Heimat empfand.

Im Februar 1956 wurde die Kommandantur aufgehoben. Von diesem Zeitpunkt an mussten sich die Russlanddeutschen nicht mehr jeden Monat bei den Behörden melden. Auch genossen sie Bewegungsfreiheit in der gesamten Sowjetunion – nur in die Ukraine durften sie nicht zurückkehren.

Gregor und Elisabeth bekamen sieben Kinder. Ein Sohn starb kurz nach der Geburt an einer Infektion. Als das siebte Kind (ich) sechs Monate alt war, packten Gregor und Elisabeth ihre Sachen und zogen mit fünf Kindern und zwei Koffern nach Estland. Sie hofften, dass es im Baltikum einfacher sein würde, nach Deutschland auszureisen. Ihre älteste Tochter mussten sie zurücklassen, da deren Mann zur Roten Armee einberufen wurde.

Sie ließen sich in der Nähe von Valga, einem kleinen Ort nahe der Lettischen Grenze, nieder. Zum ersten Mal fühlten sie sich der Freiheit näher. Sie genossen die wunderschöne Landschaft und die Gastfreundschaft der Esten.

Gregor fand dort einen Arbeitsplatz in einem Kollektiv. Obwohl er dort auch körperlich hart arbeiten musste, war es nach der jahrelangen Arbeit unter Tage für ihn eine unglaublich erfüllende Tätigkeit, da er den ganzen Tag an der frischen Luft sein durfte.

Elisabeth schrieb für eine wohlhabende Estin in deutscher Sprache Briefe nach Deutschland und übersetzte die aus Deutschland kommenden Briefe ins Estische.

Doch auch in Estland erfüllten sich die Hoffnungen der Familie auf Freiheit nicht. Alle Ausreiseanträge wurden auch hier von den sowjetischen Behörden abgelehnt.

Gregor und Elisabeth wussten nicht, an wen sie sich noch wenden sollten, bis die Estin ihnen riet, sich doch einmal an das deutsche Konsulat in Estland zu wenden. Dort erfuhr Elisabeth, dass man von deutscher Seite erst etwas für sie tun könne, wenn ein Bekannter oder besser noch ein Verwandter ihnen aus Deutschland ein Visum zuschicken würde. Weiterhin bräuchten sie eine schriftliche Bestätigung, das jemand in Deutschland für sie sorgen würde.

Elisabeth bat die freundliche Estin, für die sie arbeitete, einem Bekannten in Deutschland in eigener Sache schreiben zu dürfen. Der Bekannte aus dem Münchener Raum erklärte sich sofort bereit, ein Visum zu besorgen. Elisabeth bat ihn auch um Kontaktaufnahme zu einer in Deutschland lebenden Cousine, von der sie allerdings keine Anschrift hatte.

Dieser freundliche Mann machte sich sofort auf die Suche und fand die Cousine in Nordrhein-Westfalen. Auch sie war zum Glück bereit, Gregor und Elisabeth zu unterstützen.

Außerdem schrieb das Deutsche Rote Kreuz Elisabeth einen Brief, in dem ihr bestätigt wurde, dass im Falle einer Einreise nach Deutschland vorerst für sie gesorgt werden würde, da ihre drei Brüder im Zweiten Weltkrieg für Deutschland gefallen waren. Mit diesem

Visum und dem Schreiben des DRK, wurde der lang ersehnte Traum Wirklichkeit.

Im Sommer 1974 verschenkten Gregor und Elisabeth erneut ihre gesamte Habe und reisten mit ihren Kindern und zwei Koffern in ihre wirkliche Heimat Deutschland. Gregor fand sofort eine Arbeit, mit der er seine Familie selbst ernähren konnte. Die älteste Tochter durfte mit ihrer Familie ein Jahr später ausreisen.

Katharina bekam eine Tochter, mit der sie im Sommer 1975 ebenfalls nach Deutschland ausreisen durfte.

Elisabeths Bruder Johann und Gregors Schwestern Greta und Marianne mussten sich noch lange in Geduld üben. Nach zahlreichen abgelehnten Anträgen durften auch sie im März 1987 endlich ausreisen.

Vielen Dank

Als erstes danke ich Gott, dass er meiner Mama mehr als einmal das Leben neu geschenkt hat. Ich danke meiner Mutter für die vielen Stunden, in denen sie mir von den härtesten Jahren ihres Lebens erzählte. Meinem Vater danke ich für die vielen Informationen über die damaligen Lebensumstände.

Meinem Mann Andreas danke ich, dass er mich ermuntert hat, die Geschichte meiner Familie aufzuschreiben und für die große Hilfe im Kampf mit dem Computer.

Meinem Freund und Kollegen Oliver Lang für die unglaublich einfühlsame Korrektur und seine moralische Unterstützung, meiner Schwester Maria für die Wochen, in denen sie sich liebevoll und unermüdlich um unsere Kinder und den Haushalt gekümmert hat, meinen Schwiegereltern, die mich immer gern mit Kinderhüten und Korrekturlesen unterstützt haben.

Romy Hinss, die sich jederzeit liebevoll unserer Kinder annimmt, sei ebenso gedankt wie meiner Freundin und Rechtsanwältin Christiane Conzen für die rechtliche Beratung und die wertvollen Anregungen. Ich danke meiner Freundin und Event Managerin Petra Häusler für die tatkräftige Unterstützung sowie meiner Freundin und Heilpraktikerin Isolde Bader für ihre Hilfe und mentale Unterstützung. Auch meinen Freundinnen Petra Knauer, Friderieke Tausch und Silke Stecker danke ich von Herzen, dass sie immer für mich da waren.

Herzlichen Dank sage ich auch Viktoria Schwenger für die freundliche Unterstützung und Förderung sowie meiner Lektorin, Anna Fleck, für die professionelle und einfühlsame Art, mit meinem Manuskript umzugehen.

Und zuletzt danke ich allen Verwandten und Freunden, die mit mir gezittert und sich für mich gefreut haben.

Möge dieses Buch dem Leser mehr als Worte sein.